U0604006

能源计量大数据与产业计量数字化运营研究

慕慧娟 李峰 崔伟群 马研◎著

经济管理出版社
ECONOMY & MANAGEMENT PUBLISHING HOUSE

图书在版编目（CIP）数据

能源计量大数据与产业计量数字化运营研究 / 慕慧娟等著. -- 北京 ：经济管理出版社，2024. -- ISBN 978-7-5096-9859-4

Ⅰ. F426.2

中国国家版本馆 CIP 数据核字第 2024N62G00 号

组稿编辑：申桂萍
责任编辑：范美琴
责任印制：许　艳
责任校对：王淑卿

出版发行：经济管理出版社
（北京市海淀区北蜂窝 8 号中雅大厦 A 座 11 层　100038）
网　　址：www. E-mp. com. cn
电　　话：（010）51915602
印　　刷：北京晨旭印刷厂
经　　销：新华书店
开　　本：720mm×1000mm/16
印　　张：12
字　　数：171 千字
版　　次：2024 年 9 月第 1 版　　2024 年 9 月第 1 次印刷
书　　号：ISBN 978-7-5096-9859-4
定　　价：88.00 元

联系地址：北京市海淀区北蜂窝 8 号中雅大厦 11 层
电话：（010）68022974　　邮编：100038

前　言

国家高度重视数字经济，党的二十大报告指出加快发展数字经济，促进数字经济和实体经济深度融合，打造具有国际竞争力的数字产业集群。所谓数字经济，是指将数字化知识及信息作为核心生产要素，以数字化技术作为核心驱动力，以现代化网络传输空间为重要载体，通过数字化技术手段与经济实体的深度融合，不断提高数字化、信息化、智能化、网络化水平，加速构建治理模式的新经济形态。

同时，随着信息技术的发展，基于信息领域的新产品、新应用、新服务大量涌现，不断推动信息消费强劲增长，逐步形成一个规模巨大的新兴消费市场，并催生了新的计量问题。为了能够适应互联网时代的各种变化，满足与信息领域有关的新型计量需求，数字计量相关工作的开展已刻不容缓!

在复杂的信息环境下，数据在创建、存储、应用、维护、迁移、报废的整个生命周期中的各个环节，都会产生不同的数据质量问题。为了提高人们对数据的信任度，用户需要了解数据的含义以及数据的准确性。应对这一挑战将需要新的测量方法、数据集成技术，以及能够将数据准确地追溯到主要测量结果和国际公认标准的能力；在每秒 10 万单的联盟链中，需要溯源到协调世界时（UTC）具有计量特性的高精度时间戳服务。物联网中使用的联网测量设备越来越多，数据互操作性、可验证性、可溯源性都是需要解决的关键问题。如何推动数据资源开发利用，数据资产如何确认、计量，这些问题值得深入探讨。

能源计量是能源活动数据的直接来源，“十四五”是全国及各省份“碳达峰”的关键期、窗口期，各省份需要重点构建清洁、低碳、安全、高效的能源体系，着力提高利用效能，推进绿色制造，促进绿色低碳能源计量关键技术进步，实现能耗监测关键技术重大突破，实现能源产业计量数字化运营，进而实现大数据战略驱动能源计量数字化发展。

本书具有明显的多学科交叉性、综合性和前瞻性，基于计量检测学、计算机科学、经济学、管理学、公共管理学等学科的相关理论，融合人工智能、大数据、区块链、物联网等技术手段，综合应用跨学科研究法（交叉研究法）、文献研究法、经验总结法、案例分析法、社会实践调查法、系统科学方法等，从计量数字化对计量大数据体系建设的影响和计量大数据对计量数字化升级的作用两个方面对计量大数据与计量数字化的关系展开研究，以我国综合能源基地之一——新疆为例，全面总结新疆能源计量大数据和煤电产业计量发展现状并提出未来构想，借鉴国际各计量机构的数字化发展框架和研究方向，针对能源计量大数据与产业计量数字化进行系统性研究。在数字化研究的基础上，进一步借鉴企业管理领域运营模式研究，探索能源计量大数据和产业计量数字化运营发展范式，为能源计量高质量发展提供政策建议。主要研究成果包括：

第一，从计量数字化对计量大数据体系建设的影响和计量大数据对计量数字化的促进两个方面对计量大数据与计量数字化的关系展开创新性探究，丰富了数字计量理论。

第二，全面、系统地针对能源计量大数据与产业计量数字化进行探索研究。从三个方面提出加强计量数字化的顶层设计与发展规划，从两个方面探讨计量数字化理论与重点技术，从五个方面推进传统计量向数字化计量转型，从四个方面探索现代技术在计量数字化方面的应用。

第三，创新性地借鉴企业管理领域运营模式，对能源计量大数据与产业计量数字化运营展开研究。在明确运营目标、范围、思路及服务对象的基础上，通过分析服务模式、盈利方式、商业模式，提出“1+2+N”运营机制。挖掘数字化运营应用价值创造，提出运营平台建设构想，从六个方面提出运营体系建设保障措施。立足数据资产管理，就数据安全运营风险及规避措施展开专项研究。

目　录

第一章　导论

一、研究背景及意义

（一）新时代对计量发展提出新需求

近年来，大数据、物联网、云计算、虚拟现实、人工智能、边缘计算等信息技术不断创新，融入经济社会生活的方方面面，覆盖多领域多过程，逐渐诞生以数据要素为核心的数字经济。数字经济是继农业经济、工业经济后的又一种经济模式，是以数据为核心要素，以网络空间为载体，以信息通信技术为应用，以数字化转型升级为推动力，能够提高经济效率与优化分配的新经济形态。数字经济发展迅速、影响深远，正在成为重组全球要素资源、重构全球经济格局的核心力量。计量作为实现单位统一、确保量值准确可靠可追溯的活动，是经济活动中的基础支撑，是数字经济发展的保障性要素，新时代社会经济发展也对计量建设提出了新要求。

1. 数字经济发展对计量数字化变革的需求

在中共中央政治局第三十四次集体学习中，习近平总书记强调要把握数字经济发展趋势和规律，推动我国数字经济健康发展。《中华人民共和国国民经济和社会发展第十四个五年规划和2035年远景目标纲要》（简称“十四五”规划）提出加快建设数字经济、数字社会、数字政府，以数字化转型整体驱动生产方式、生活方式和治理方式变革。

数据作为土地、劳动力和资本以外的新型要素，也是重点改革对象之一。数据要素在进入交易市场时，必须依赖价格进行交易。因此，要将数据纳入生产要素，并进入市场进行交易，就必须解决数据资产的确认、计价与核定等相关难题。

计量是确保社会经济活动顺利开展的基础条件之一，是保证人民群众利益得到有效保障的技术手段。数字经济是当前经济发展的大趋势，也对计量数字化与数字化转型提出了更高的要求。

2. 产业经济发展对计量提出更高需求

古往今来，“量”是描述物质及其运动规律的一个基本概念，它反映着客观事物的内在性质、相互联系和运动规律。在正确认识自然现象、掌握自然规律、验证科学理论等方面，“量”都起着不可或缺的重要作用，作为保障“量”的准确性的学科——计量是发展活动中必要的一环。保证计量单位统一标准和测量精准可靠，是社会经济活动稳定有序的前提条件，计量发展的背后代表着生产力的发展需求。

近代社会生产力经过三次技术革命实现跨越式发展，第一次工业革命用蒸汽动力代替了手工劳动，提出了对工厂加工生产器具与蒸汽机等产品计量的要求；第二次工业革命以内燃机和电动机的出现为代表，催生了对电力及有关产品的计量需求；第三次科技革命带来了电子工业的兴起，高精尖设备数量爆发式增长，对计量的准确性要求大幅度提高，如图1-1所示，每一次计算机迭代发展往往也伴随着计量的更新换代。

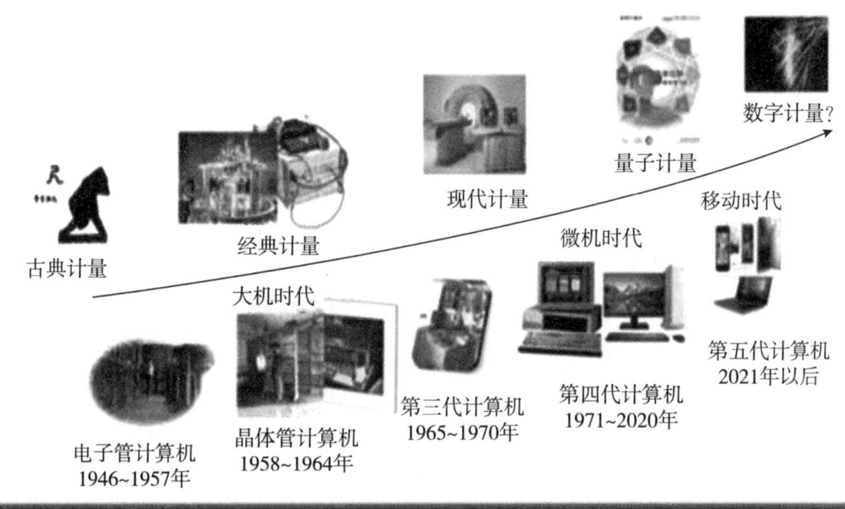

图 1-1　计量发展阶段

时至今日，产业经济发展模式丰富多样，战略性新兴产业不断涌现。粗放式管理不同产业的模式明显已无法满足产业经济发展的需求，必须针对不同的产业特点，深挖深耕、精细化探究产业发展的方方面面。产业计量正是在这样的背景下被提出的，成为以计量检定和校准为主要内容，用于支撑地区或产业经济社会发展，最终促进产业产品的质量效益最优化与产业优质发展的计量学科。

3. 能源革命对计量提出更高要求

随着新一代能源革命的不断推进，能源计量的规模持续扩大，计量对象由传统化石能源向可再生清洁能源转变，精细化能源管理也对能源计量数据的准确性、时效性、自动监控性等提出更高要求。目前，由于技术需求的变化，能源计量科学已经难以完全满足能源发展的需求。能源计量的定位必须由辅助性角色向主导型角色转变，由被动推进向主动更新转变。

如果将过去的能源计量形态划分为能源计量 1.0 时代，那么可以将当前的能源计量创新需求结果划分为能源计量 2.0 时代。新时代的能源计量是在 1.0 时代的基础上，根据能源革命的需求进行一定的补充、完善和升级、扩展和更新。能源计量 2.0 时代更注重从供给侧和数据要素角度出发，逐步由单一的数据采集检测向能源数据深度挖掘、分析、应用等全方位拓展，充分发挥数据要素对能源行业发展的指导作用，形成网络化、智能化、数字化、协同化的能源计量体系，最终能够实现“从单一计量检测向多元计量测量转变、从计量单维度管理向计量综合治理转变、从计量基础支撑向计量主动引领转变”的目标。

4. 能源产业转型对计量提出更明确需求

中国是世界上规模最大的能源消费国，自中共十八大以来，中国的能源发展进入新阶段。能源可持续发展离不开能源计量的支撑，当前面临着气候变化与能源资源日益紧缺等问题，基于人类命运共同体理念，能源产业面临着由传统单一的能源体系向多元清洁的能源供应体系转型升级的需求，这也对能源计量的变革提出了更高要求。

以新疆为例，新疆作为全国典型的资源经济区，其矿产资源种类多、储量大，新疆煤炭资源预测储量约为 2.19 万亿吨，约占全国储量的 40%，居全国首位。新疆是我国重要的能源基地，“西电东送”已成为新疆的重要名片，为我国东部和中部省区经济社会发展提供了源源不断的电力资源，有效缓解了我国经济与社会发展中电力分布不均衡与电力需求不足的问题。新疆拥有煤炭资源丰富和发电成本较低的优势，但目前各煤电企业还无法实现高效燃煤发电和清洁发电，现有的煤电企业发展模式、煤电转换技术和生产质量还需进一步提升。

在这样的产业背景下，“科技要发展，计量须先行”，为推动能源产业整体创新转型、提质增效，实现从能源资源向能源产业转变的目标，计量服务体系需要得到进一步的发展。

（二）能源计量数字化发展的意义

1. 以大数据技术驱动能源计量数字化转型

我国已将大数据技术作为新时代国家发展的重要战略性技术之一，随着对大数据技术的不断挖掘，大数据逐渐成为一种有效的生产力。能源数据直接来源于能源计量，对能源计量大数据的重视能够有效推动传统能源计量模式转型升级，主要包括能源计量数据的大数据采集、挖掘和应用。主要涉及两个方面：一是传统计量应用的现代化转型，如利用大数据技术对计量设备获取的计量数据进行分析和管理；二是能源领域的专项应用，即搭建能源计量大数据平台，根据采集的能源计量数据进行趋势分析、因素分析、风险控制等，能源计量大数据将有力推动我国能源领域计量数字化转型。

2. 物联网技术的融合创新，开启能源产业计量新时代

现行《计量法》中规定的计量调整对象主要为计量器具，按照一般的量值传递体系，将符合基准的量值逐级传递到计量器具，再通过检定计量器具来保障量值全流程准确可靠。随着行业发展，如何保证计量结果准确可靠，如何优化数字空间测量活动，已成为计量发展面临的现实挑战。以往在实验室环境下进行检定已经不能满足实时性需求，现场实时检定技术、在线远程检定技术逐步成为发展方向。特别是随着物联网技术的发展，以传感器探查为标志的不同于传统计量器具检定的计量技术革命正在兴起，促进了计量行业大发展。

3. 融合制造业体系改革，强化能源产业数字化发展

制造业质量的提升为能源计量体系发展提供了更多的技术可能性，包括量值传递溯源体系的结构优化、计量器具在线远程实时校准检定技术、能耗量值数字化转型等。随着中国制造业体系改革的持续推进，制

造业对能源计量的技术支撑不断增强，能源产业能够持续获得发展的动力。

4. 推动共建“一带一路”，加快能源计量国际化

“一带一路”倡议致力于构建全方位、多层次、复合型的互联互通网络，实现共建“一带一路”各国和各地区多元、自主、平衡、可持续的发展。尊重各国历史文化，尊重各方利益诉求，尊重各自资源禀赋差异，与世界各国共同推动国际能源计量体系的创新发展，既是社会发展的根本需求，也是面向未来的共同愿景。发展能源计量大数据应用与产业计量数字化转型，可以有效推动中国能源计量“走出去”，拓宽能源计量国际互认，辅助计量制度比对研究，强化能源领域的重大科技攻关研究，是推动我国能源计量国际化的重要手段。

二、主要内容和技术路线

（一）主要内容

第一章：导论。主要阐述了本书研究背景及意义、主要内容和技术路线、研究方法和创新之处。

第二章：相关概念及理论基础。分节论述了能源计量、产业计量、计量数字化转型的内涵、数字化运营的理论基础。

第三章：计量大数据与计量数字化的关系探究。概述了产业计量数字化的概况；计量数字化助力计量大数据体系构建；计量大数据成为促进计量数字化的关键技术。

第四章：国际计量数字化行动。对国内外计量数字化领域展开的探索

进行总结。分别就国际计量委员会的数字化框架、国际计量技术联合会（IMEKO）计量数字化研究、德国联邦物理技术研究院（PTB）数字化战略、英国国家物理实验室（NPL）计量技术研究、美国国家标准与技术研究院（NIST）计量数字化研究、中国计量科学研究院（NIM）数字计量研究进行总结归纳。

第五章：能源计量与产业计量的发展现状及实践案例。追溯国家对能源计量大数据发展的政策支持；分析能源计量大数据发展的平台技术架构；总结能源计量大数据挖掘与关键技术；介绍能源计量大数据发展平台建设实例；最后提出能源计量大数据发展未来展望。分析发展煤电产业计量的必要性及意义；围绕国家煤电产业计量测试中心建设与发展的数字化背景、目标、思路与发展方向、能力建设、建设成果以及存在的问题进行详细阐述。

第六章：能源计量大数据与产业计量数字化探索研究。提出加强计量数字化顶层设计与发展规划；推进计量数字化理论与重点技术研究；推进传统计量向数字化计量转型；探索现代技术在计量数字化方面的应用。

第七章：能源计量大数据与产业计量数字化运营研究。在明确能源领域数字化运营目标、范围及服务对象的基础上，提出运营平台建设构想，对平台功能进行规划；分析能源领域数字化运营模式；提出能源领域数字化运营应用价值创造挖掘及运营体系建设保障措施；最后立足数据资产管理，就数据安全运营风险及规避措施展开专项研究。

（二）技术路线

本书的技术路线图如图 1-2 所示。

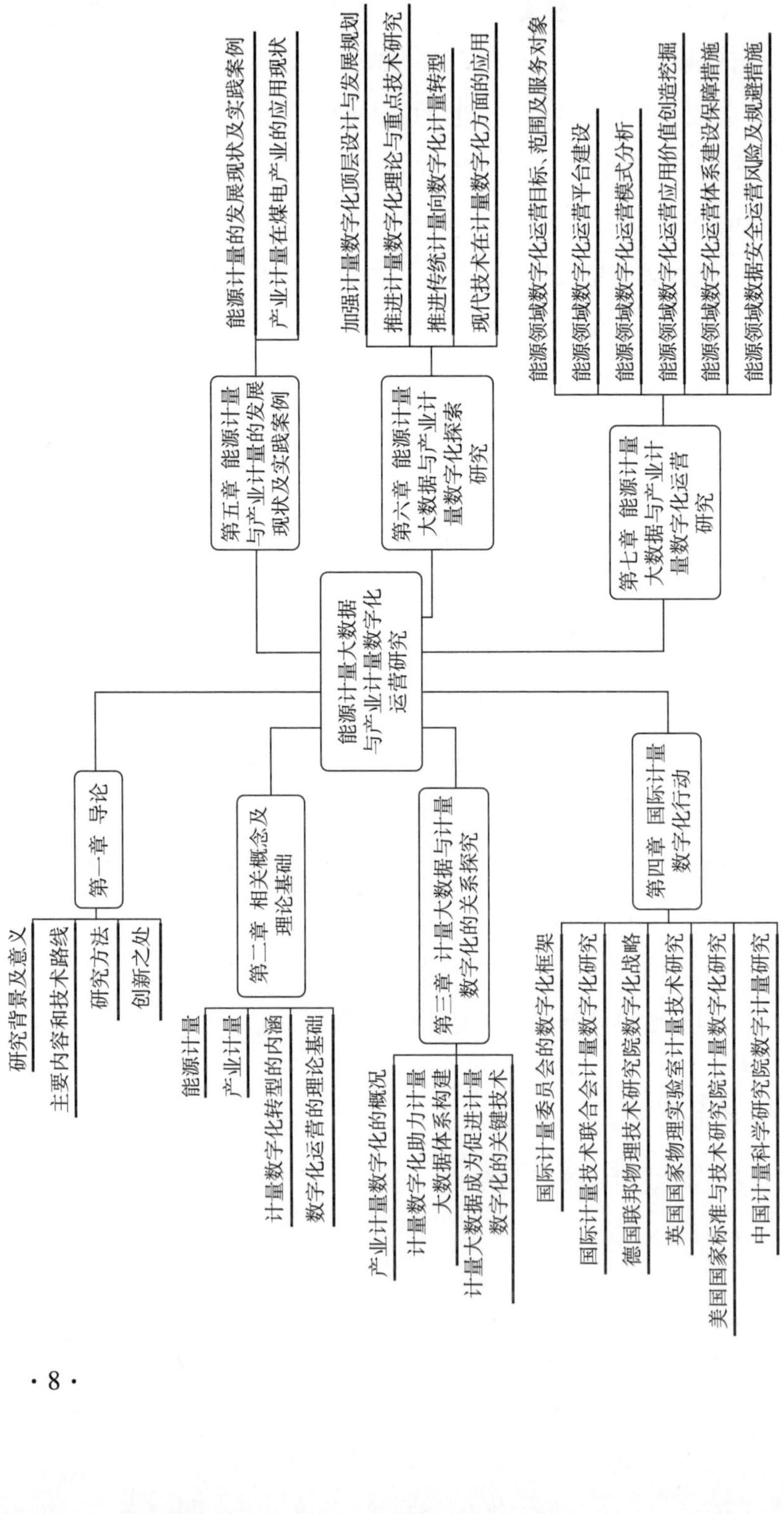

- 能源计量大数据与产业计量数字化运营研究
  - 第一章 导论
    - 研究背景及意义
    - 主要内容和技术路线
    - 研究方法
    - 创新之处
  - 第二章 相关概念及理论基础
    - 能源计量
    - 产业计量
    - 计量数字化转型的内涵
    - 数字化运营的理论基础
  - 第三章 计量大数据与计量数字化的关系探究
    - 产业计量数字化的概况
    - 计量数字化助力计量大数据体系构建
    - 计量大数据成为促进计量数字化的关键技术
  - 第四章 国际计量数字化行动
    - 国际计量委员会的数字化框架
    - 国际计量技术联合会计量数字化研究
    - 德国联邦物理技术研究院数字化战略
    - 英国国家物理实验室计量技术研究
    - 美国国家标准与技术研究院计量数字化研究
    - 中国计量科学研究院数字计量研究
  - 第五章 能源计量与产业计量的发展现状及实践案例
    - 能源计量的发展现状及实践案例
    - 产业计量在煤电产业的应用现状
  - 第六章 能源计量大数据与产业计量数字化探索研究
    - 加强计量数字化顶层设计与发展规划
    - 推进计量数字化理论与重点技术研究
    - 推进传统计量向数字化计量转型
    - 现代技术在计量数字化方面的应用
  - 第七章 能源计量大数据与产业计量数字化运营研究
    - 能源领域数字化运营目标、范围及服务对象
    - 能源领域数字化运营平台建设
    - 能源领域数字化运营模式分析
    - 能源领域数字化运营应用价值创造挖掘
    - 能源领域数字化运营体系建设保障措施
    - 能源领域数据安全运营风险及规避措施

图 1-2 本书的技术路线图

三、研究方法

本书研究具有明显的多学科交叉性、综合性和前瞻性，基于计量检测学、计算机科学、经济学、管理学、公共管理学等学科的相关理论，综合人工智能、大数据、区块链、物联网等技术手段，综合应用跨学科研究法（交叉研究法）、文献研究法、经验总结法、案例分析法、社会实践调查法、系统科学方法等，通过对能源计量与产业计量现状、基础理论的研究，借鉴国外成功经验，并结合重点领域进行实践分析。

从计量数字化对计量大数据体系建设的影响和计量大数据对计量数字化升级的作用两个方面对计量大数据与计量数字化的关系展开研究，全面总结能源计量大数据和煤电产业计量发展现状并提出未来构想，借鉴发达国家计量机构的数字化发展框架和研究方向，全面系统性地针对能源计量大数据与产业计量数字化进行研究，提出加强计量数字化顶层设计与发展规划，加强计量数字化理论与重点技术研究，从传统计量向数字化计量转型，推动现代技术在计量数字化方面的应用。

在数字化研究的基础上，更进一步借鉴企业管理领域运营模式研究，展开能源计量大数据与产业计量数字化运营研究。提出“1+2+N”运营机制，充分挖掘运营应用价值创造，提出运营平台建设构想，提出运营体系建设保障措施。立足数据资产管理，就数据安全运营风险及规避措施展开专项研究。本书探索了能源计量大数据和产业计量数字化运营发展范式，为高质量发展提供政策建议。

四、创新之处

本书从计量数字化对计量大数据体系建设的影响和计量大数据对计量数字化的促进两个方面对计量大数据与计量数字化的关系展开创新性探究，丰富了数字计量的理论。

本书全面系统性地针对能源计量大数据与产业计量数字化展开探索研究。从三个方面提出加强计量数字化的顶层设计与发展规划，从两个方面探讨计量数字化理论与重点技术研究，从五个方面推进传统计量向数字化计量转型，从四个方面探索现代技术在计量数字化方面的应用。本书创新性地将大数据、区块链等技术应用到能源大数据挖掘领域和计量数字化应用解决方案中，从而促进传统计量向数字计量转型升级。

本书创新性地借鉴企业管理领域运营模式研究对能源计量大数据与产业计量数字化运营展开研究。在明确运营目标、范围、思路及服务对象的基础上，通过分析服务模式、盈利方式、商业模式，提出“1+2+N”运营机制。从六个方面提出运营体系建设保障措施。立足数据资产管理，就数据安全运营风险及规避措施展开专项研究。

第二章　相关概念及理论基础

一、能源计量

（一）能源计量的概念

能源通常指煤炭、石油、天然气、生物质能和电力、热力以及其他直接或者通过加工、转换而取得有用能的各种资源。计量是实现单位统一、量值准确可靠的活动。而能源计量则是在能源生产、存储、转化、利用、管理和研究中，实现单位统一、量值准确可靠的活动。能源计量是能源数据采集的技术基础。能源数据统计与分析工作建立在能源计量准确的基础上，没有能源计量就没有能源数据采集与统计。只有做好能源计量工作，才能做好能源数据采集、能源数据台账建设，从而进行数据的汇总与统计分析。

（二）能源计量的效用

1. 能源计量是企业节能工作的基础

能源计量是能耗企业进行企业能源管理、增强能耗管理水平的基础，是企业贯彻落实国家相关能源法律法规、政策及标准，优化能源结构，有效使用能源，降本增效，提高企业竞争力的重要保障。企业通过制定计量管理制度，在节能减排方面提出行之有效的指导性建议，避免产生能源浪费，以此有效推进企业的生产经营活动。

2. 能源计量有利于提高产品质量

为保障整体生产工艺的一致性与标准化，精确计量是必不可少的，企业通常通过内部计量检测来保证所生产产品的质量。在企业战略规划中，计量被列为主要内容之一，在科学计量设备的帮助下，企业可实现产品质量保障体系的升级。

3. 能源计量有利于降低企业的经济成本门槛

对于一般用能企业，管理中与能源消耗、节能制度等相关的内容，都可以应用能源计量理论进行优化改善。从能源计量数据应用角度来说，可以通过对企业实际生产状态进行全流程的检测以获取能源计量数据，在完善计量设备检测工作的基础上，实现对企业资源的优化配置。

（三）能源计量与大数据

1. 大数据与大数据计量化

（1）大数据的定义及特征。

大数据主要是指数量达到一定规模的数据集合，这类数据集合中往往包含很多与数据主题相关的价值信息，但仅用传统的数据分析方法无法对这种规模的数据集进行有效分析或者分析处理的成本较高，需要采用一些数据处理工具或方法，进行针对性处理挖掘。

大数据具有五个特征：第一，数据量大，往往超过 TB 级别，甚至到达 EB、ZB 等级别。第二，处理速度快，需要对数据进行实时计算。第三，数据类别多，数据种类丰富，包含多种数据形式。第四，数据具有真实性，数据的累积是真实产生的。第五，价值密度低，商业价值高，通过大量的累积分析可以找到机遇和收获价值。

（2）大数据的计量化。

大数据的计量化是计量在大数据时代对数据的深度介入，通过建立数字计量体系，将以其他方式获得的量化数据和以二进制方式表示的不可量化的数据纳入计量体系，从而实现“数值定义世界，精准改变未来”的目标。

由于这一过程还处于起步阶段，在认识上依旧存在分歧。这种分歧一是体现在技术上，认为以计算机技术为主的信息世界是确定的，因此不属于计量范畴；二是体现在新旧技术权益的划分上。尽管这些分歧影响着大数据计量化的进程，但是如同化学在 1976 年被纳入计量体系一样，数字计量被纳入计量体系必将不会太久。

大数据主要以两种方式应用于计量：一种方式是大数据分析的结果被应用于通过计量设备获得量化数据的过程，如基于大数据的在线校准、基于大数据的嵌入式计量、基于大数据的计量管理等；另一种方式是大数据分析结果被应用于所有观测数据之前，如对客观现象的筛选、对能够观测到的客观现象的延拓和使用标准对观测数据进行计量评估。据此建立诸如全自动化生产线，并将计量大数据融合在制造生产的所有可控环节中。

这两种主要应用方式的基础是对大数据的分析。因此当拥有了大数据，分析什么、如何分析、分析的时效性必然会成为应用的核心，或者从软件的角度来讲，算法的设计和实现将对大数据的分析结果产生重要的影响，进而对测量数据产生重要的影响。因此，从计量角度规范算法的设计和实现，必然成为不可回避的任务，顺其自然地将其纳入数字计量的范畴。

2. 能源计量大数据发展

在大数据兴起之初，尽管能源计量数据的重要性逐步提高，但是从量上看，它却日益蜕化为数据的来源之一。为此，能源计量本身的角色必须进行转换，才能够跟上大数据时代的步伐。这种转变主要体现在三个方面：一是能源计量活动的大数据化；二是大数据的计量化；三是大数据在能源计量中的应用。

但是，目前并未见到民用数据量达到 P 级的计量应用报道。主要原因在于：①如何利用大数据尚未达成共识；②已有信息系统整合涉及各个方面，成本较高；③不同地域的同类计量活动或具有本质联系的计量活动，由于管理壁垒或利益壁垒难以进行整合。随着时间的推移，能源计量活动的大数据可能会逐步形成。例如，当认知达到一定程度时，开发“互联网+”计量器具系统，从而在全国范围内形成量传溯源的大数据，管理部门可通过这些大数据获得以前不能获得的量传溯源评价指标，如全国的测量水平分布、量传溯源生命周期图等。

（四）能源计量发展中存在的问题

1. 对能源计量管理工作重要性的认知不足

大部分企业对能源计量工作的重要性认识不足。计量工作到位与否对大型工业企业的生产精细化管理有至关重要的作用，也是提升企业核心竞争力的有力支撑。能源计量工作的完善往往可以提高企业生产效率、降低耗能成本，从而维护企业利益。当前，很多用能耗能企业的计量管理体系普遍存在不完善甚至是缺位的问题，个别生产单位对能源计量工作的必要性认识不到位，对能源计量数据采集控制不关心，管理无法精细化。

2. 能源计量管理体系有待完善

一些企业的能源计量体系建设起步较迟，计量管理体系不够完善，管理制度不够健全。在一个合格的能源管理体系中，能源管理部门借助数据采集设备构成采集网络，来获取生产经营过程中的各类能源数据。借助信息化平台或设备进行统计、处理、挖掘与分析后实现对生产工艺、生产流程、产品质量的综合评价，反馈应用到企业能源管理中，从而起到平衡能耗数据和优化完善生产方案的作用，确保能源生产或使用体系的科学合理性，有效提升企业能源利用水平，实现生产层面的优化分配，保障能源企业生产活动的稳定性和效益。

3. 能源计量检测技术与标准无法满足社会发展需要

随着信息技术的快速发展以及装配新型传感器的计量器具的广泛应用，过去在实验室环境进行计量检定的模式已经不能满足当前企业生产需求，尤其是在线检测技术未得到有效推广，满足不了诸如流量计等计量器具的检测要求。国家停止征收计量器具检测费后，政府的财政投入有所降低，部分地方计量服务机构资金周转出现问题，无法有效跟进计量标准建设，导致部分能源计量器具溯源难以进行。

4. 能源计量专业人才储备不足

除了部分规模较大、营收良好的企业，许多企业不会专门聘请计量专业人才对企业计量工作进行管理。常见的是企业选择临近专业的人员，甚至是不相关的专业人员，进行兼职管理或是定期咨询外部计量服务机构。整体而言，企业侧的能源计量专业人才储备不足，企业需要相关的服务或管理机构进行指导与服务，并对企业的计量管理人员进行培训，帮助企业建立符合企业生产实际、比较完善的能源计量管理体系。企业在节能降耗的技术、信息、人才培养、检测评价等方面有迫切需要，但计量服务部门也缺乏能源计量领域的高端人才以及满足当前能源计量需求的配套设备。

5. 能源计量大数据应用困难

对于目前较为重视能源计量工作并且已经建立了企业计量管理体系的能源企业来说，在信息化建设方面，技术应用程度普遍不高，对采集的能源计量数据没有进行深度挖掘、分析与应用。只有少量企业建立了功能全面、设备齐全、应用深入的能源计量数据平台。整体来说，能源计量信息化建设综合水平不高。能源计量数据采集成本高且种类有限，缺乏体系化标准，数据准确性与质量受到质疑，加之人才缺乏、企业认知不足，能源计量大数据之路道阻且长。

二、产业计量

（一）产业计量的概念

2013 年国务院颁布《计量发展规划（2013—2020 年）》，其中明确提到了产业计量的概念与内容："在现代高新技术产业、战略性新兴产业、现代性服务业等经济社会重点领域，研究具有产业特点的量值传递技术和产业关键领域关键参数的测量、测试技术，研究服务产品全生命周期的计量技术，构建国家产业计量服务体系。"阐述了产业计量的核心在于服务于经济社会重点领域，能够根据产业特点进行有效的适应性改进。

（二）产业计量的定位

产业计量是在现代社会经济分工不断增强，产业化、区域化特征逐渐明显的背景下，为了提高生产力适应性而产生的计量新领域。它既有计量体系的一般性要素，也有计量之外的产业特点，产生于计量体系，但不局限于计量。产业计量要求以经济学的视野审视计量，从现代产业经济结构的需求出发展开计量工作，从范畴上来讲，产业计量既包括对计量器具、计量方法的研究选择，也包括对计量数据的应用与过程控制，最终的目的不再是单纯保持计量器具量值准确和单位统一，而是要促进国民产业经济的发展。综合来讲，产业计量是计量在应用领域的集中体现，是提升产业产品质量效益的重要手段，也是计量融入国民经济、成为产业经济发展基础的基本途径。

（三）产业计量的功能

1. 产业计量是计量学从测量观转为应用观的集中体现

我国现行国家计量技术规范 JJF1001-2011《通用计量术语及定义》中对于计量学的定义是“测量及应用的科学”。《国际通用计量学基本术语》中关于计量学的定义相较于前一版本的描述也增加了“应用”一词。新版的《国家计量技术规范管理办法》对计量学的定义描述均引入了“应用”，强调计量在应用中的地位，标志着计量学从传统的基础测量观念向“测量+应用”并重的观念转变。

原计量学的定义主要强调发挥计量学测量的基础作用，与计量有关的工作任务也更多集中在“确保计量器具量值准确和单位统一”的技术手段研究，很多人在观念上长期局限于离线检测、实验室检测、计量器具检测等静态单一检测层面，计量服务机构提供的计量检测服务也是针对具体设备、项目的局限式服务，使计量活动与企业生产经营活动脱钩，无法充分实现计量的价值。随着社会经济出现新形态，新兴产业不断产生，对计量的需求也产生了变化，为适应市场变化，必须进行转变与突破。

在新形势下，计量不再是孤立的、被动的，而是广泛联系的、主动的，能够积极参与国民经济建设。产业计量的提出正是计量学从测量观转为应用观的集中体现。产业计量以关注测量数据结果准确可靠为主要目标，充分发挥计量要素作用，使计量学能有效地应用和服务于区域或产业经济活动。在产业计量的要求下，计量的实质内容必然包含着转变与升级：从离线现场检测检验向在线远程检测检验转变，从单参数单一检测向多维度、多层次、多指标参数综合检测转变，从单环节计量器具检测向产品生产终端检测转变，从事后检测向产品研发、设计、生产、报废全生命周期检测转变，从而为产业经济活动提供全要素链、全生命周期、全生产链的计量支撑服务，促进和推动产业的良性发展。

2. 产业计量是提升产业产品质量效益的重要手段

产业计量研究的应用对象主要是各产业的经济活动。产业计量强调对产业产品的检测不仅用于筛除质量不合格的产品或服务，而且能够有效帮助企业改善产品质量，优化企业技术检验体系，以点带面，促进产业整体发展。从广度上来看，产业计量工作必须覆盖产品的研发、设计、生产、流通、使用的全生命周期，而非目前仅涉及产品的终端检测，产业计量应是提升产业产品质量效益的重要手段。

产品的规划与研发阶段需要针对功能指标、性能指标进行计量检测，产品设计阶段可以依靠计量手段规避较多质量风险，从而减少后期改进成本。如果缺少了测量手段支持，则产品的研发质量就无法得到有效保障。另外，对产品研发所需原材料或零部件的采购或制造，其过程中都会涉及大量的计量与测量行为，上述因素最终都会影响到产品的质量。不同产业之间由于产业的特点不同，所需的测量仪器与设备及相应的测量方法都不尽相同，因此产业计量要求根据不同产业的技术特点与产业特性对计量的内容进行适应性调整。

产品生产制造阶段的重点在于对产品生产过程的控制与监测。由于目前大部分产业已经完成全流程自动化生产升级，生产流程中不同环节之间环环相扣，传统计量领域中实验室静态检测的方式已经无法满足目前企业实时动态的生产需求，需要计量手段自然融入生产环节中，在生产的各个关键节点上开展产品生产的同时进行实时的计量监测。另外，由于产品生产过程通常较为复杂，质量控制指标庞杂，想要实现对所有指标参数的有效测量监控所需的成本较为高昂。为此，产业计量可以对相应产业的产品生产过程进行深入分析，把握生产过程中的关键环节、关键参数，采用近似测量等辅助方式，综合应用计量理论，有效支撑产业产品的生产流程和生产管理制度。

在产品的物流、销售以及使用阶段，产业计量的支撑作用主要体现在对产成品最终质量的把控上。重点在于采用计量手段检验产品是否符合相应的产出标准、安全标准等各类符合性检测标准，是产品质量的“出厂认证”，对于之后的产品流通、销售以及使用均有重要作用。

3. 产业计量是产业经济发展的基础支撑

一直以来，“量”是描述物质及其运动规划的基本概念，能够反映出客观事物的内在性质、相互联系和运动规律，而要保证“量”符合自然情况、精准有效，就需要计量工作的参与。保证计量单位标准统一、测量有效，是社会经济稳定发展的基础，计量发展的背后往往也代表着生产力的发展需求。时至今日，产业经济发展模式已经丰富多样，战略性新兴产业不断涌现，如新能源、新材料、高端装备制造、绿色产业、新一代生物技术，产业的独特性愈加明显，粗放式管理不同产业的模式明显已经无法满足产业经济发展的需求，必须针对不同产业的特点，深挖深耕，精细化探究产业发展的各个方面。这也对计量提出了新的要求，产业计量正是在这样的背景下被提出的。总之，产业计量的最终目的始终是产业产品的质量效益最优化与产业的优质发展。

（四）产业计量发展中存在的问题

1. 交叉领域的复合型人才不足

产业计量本身的属性说明它是计量学、控制学、经济学等多个学科的交叉领域。因此，产业计量实施过程中，需要了解掌握传统计量知识、熟悉产业经济分析及了解计量对象工艺技术的人员。

以汽车制造为例，汽车制造拥有一套较为复杂的产品制造流程，从程序上来讲主要包括：一是原材料、各类零部件处理加工；二是汽车的主要部件（如发动机、车体、车椅）的生产；三是零部件组装；四是车体主体装配。汽车的生产必须在早期设计阶段就考虑到各个部件的产品质量指标，在生产过程中哪些节点可以作为关键测量节点，哪些设备可以用于检测，这些问题都离不开大量理论知识的支撑，不仅需要制造领域的人才，也需要机械、计量、计算机等多个领域的人才支撑。同时，企业研发人员需要参与汽车生产的全流程以进行及时调整，并及时与生产人员沟通，对人员的能力要求较高。此类跨领域、高精尖的人才很难培养，如果企业选择借助外部专业人员的力量又会面临技术保密的问题。最后，在设计制造过程中获取的计量数据能否切实利用起来、谁来分析都是要点之一，为实现产业计量的目标，必须要回到促进国民经济发展这个落脚点上。

2. 测量设备、技术与产业计量需求不匹配

产业计量对计量的需求更加严苛，过往离线、单参数、单一器具的检测无法达到产业计量的标准，需求上的升级转变对测量技术提出更高的要求。过去单一测量需要考虑的外部因素较少，但当着眼于多维度综合测量时，不同技术特性与质量要求必然会对计量手段提出更高、更复杂的要求，如极端环境下的压力测量、精度要求很高的高速动态测量、多参数多维度复合测量等。同时，产业计量的对象是各类不同的产业，产业之间、同一产业的不同企业之间、同一企业的不同产品之间，都需要更多专用测量设备及测量方法。

以常见的设备制造为例，为了保证产品质量，更好地实现控制，当前产业发展需要精密测量、动态测量与在线测量。在生产环节中往往需要面对很多突破常规识别水平的精密测量，在检测尺度上会突破传统计量检测尺度。精密度方面，小尺寸检测可能会达到微米甚至是纳米级别，如常见的各类微处理器与集成电路的生产；大尺寸检测则会达到百米、千米规模，如开展火箭生产的外廓尺寸或空地导弹追踪的精确定位等。在高速动态测量方面，动态力、动态扭矩、动态压力、动平衡等瞬时值的测量方法和动态值在测量期间随时间或其他影响量的变化规律都会影响到产品的最终质量，为了保证动态量的及时获取与控制，需要进行在线监测。与离线形式

的测量方式不同，在线测量需要直接融合产品的生产系统，测量的量值是在生产过程中实时产生的动态量，这种动态尺度无法靠人工实时记录，只能靠信息化手段处理。上述领域大部分超出了传统计量领域范畴，必须与相应领域的技术人员一同合作来实现。

3. 跨专业、跨领域合作较困难

产业计量具有跨专业、跨领域的综合性特征。为实现产业计量的效果，在实施过程中需要专业领域之间的合作，包括人才、设备、技术、配套设施、监管等各类要素，以及计量单位、生产单位、监管单位等各方面支持。由于各种客观原因的存在，进行跨专业、跨领域的联合作业成本较高、协调难度较大。

4. 计量数据智能化应用程度不足

产业计量强调计量应根据产业特点，针对产品从设计研发到生产制造再到流通销售与使用的全流程进行适配改进，帮助产品质量提升。同时，国家产业计量开展的任务中要求加强机器人、集成电路、数控机床、卫星导航等领域精密测量的理论与应用研究，探索物联网、人工智能、边缘计算、大数据、数字孪生等新技术在计量领域的应用。但目前，产业计量方面计量数据的智能化应用程度并不高。

以大数据应用为例，限制大数据发挥的不是数据量巨大导致的存储、计算问题，而是对数据的有效采集和对数据的清洗以及结构处理。在计量领域，计量器具往往是单独使用的，计量数据的收集也是各自为营，没有形成有效联动，更不必说后续的数据挖掘与分析。同时，在计量大数据应用的基础设施方面也有所欠缺，很多地区的数据分析平台建设才刚刚起步，不同区域之间的信息共享开放机制未有效建立，数据无法汇总形成数据资源。此外，由于技术限制，获得的计量数据通常结构多样，在结构化处理方面十分困难，难以有效实现计量数据的价值。

三、计量数字化转型的内涵

（一）数字化的内涵

要了解数字化就需要先了解信息表达的演化过程。信息可以描述为物质存在与运动过程中的表达，人通过识别物理环境与社会环境中的各类信息认识世界、区分他物，进而利用信息改造世界。

如图 2-1 所示，信息表达的演化过程根据表达载体大致划分为四个阶段：人类诞生之前，信息作为事物存在方式或运动状态，由自然环境和生命体本身自然表达；人类诞生后，各类物理、化学、生命信息逐渐有了符号化的表达，人类通过肢体、声音、物品等各类手段进行较为原始的信息表达；随着人类社会逐渐发展，祖先们发现了将信息通过实际载体来进行保存、传播与表达的手段，如石头、贝类、甲骨、简帛、金属等，尤其是我国东汉时期蔡伦改进造纸术以后，纸张成为信息传播的必需品，对社会进步和发展起到了重大的作用；近现代随着计算机的发明，信息得以改头换面，在虚拟的数字空间以“0，1”的二进制形式存在，成为数字化的基础。

从信息角度来看，所谓数字化，就是将信息转变为计算机可以识别的数字语言的过程，在计算机中通常用二进制 0 和 1 表示。这个定义包含了数字化的基本过程：①将外界信息转变为可以由计算机识别、计算的数据；②建立合适的数学模型处理这些数据；③将处理后的数据转化为二进制数据输入计算机中进行处理与应用。

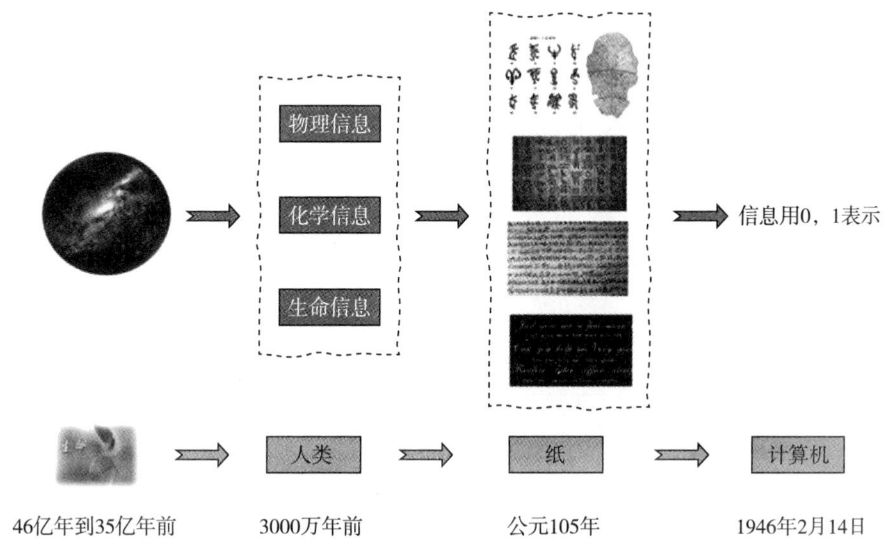

图 2-1　信息表达演化阶段

相对于现实空间的信息表达，数字化表达也有其本身的优缺点。主要优势包括：活动效率高，数字化活动可以通过网络进行，无须实体场所，减少了时间和空间上的限制，可以提高活动效率；活动成本低，数字化活动无须投入大量人力、物力和财力，成本相对较低；参与度更高，通过网络互动，可以吸引更多的普通人参与，降低了应用门槛；可重复利用，数字化活动可以存档并重复利用，减少了活动的重复工作。主要缺点包括：对网络依赖度高，数字化活动需要依赖网络和技术支持，如果网络或技术出现问题，活动可能会受到影响；安全风险问题，数字化活动存在安全风险，如信息泄露、网络攻击等；缺乏面对面交流，有些互动和交流需要通过面对面的方式进行，数字化活动无法替代面对面的交流。

（二）数字化转型的内涵

所谓数字化转型，是指基于信息化、自动化、数字化、智能化和智慧化的意识，对组织、规则、资源、技术、业务和服务等进行数字化转换、数字化升级，通过开发数字化技术与支撑体系，构建一个可持续运行的数字化体系。

数字化转型要求方式上从用眼观察变为用器具测量，用文字描述转为用数据记录；方法上由经验总结提炼理论向经验与实验相结合转变；载体上由纸向计算机转变；主体上由人工、机械向软件算法转变（见图 2-2）。

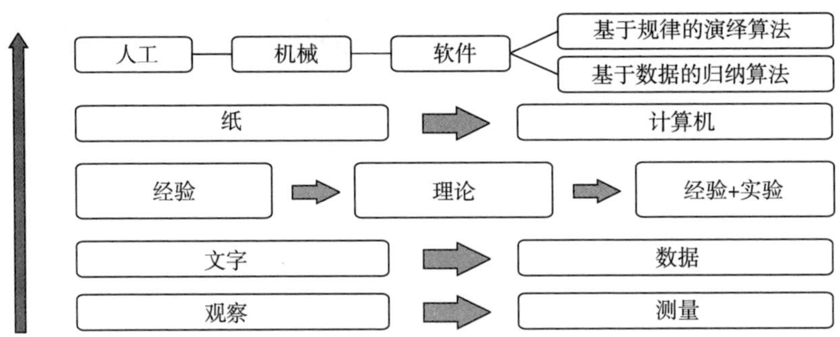

图 2-2　数字化转型内涵

数字化转型的内容包括思想、组织、规则、资源、技术、业务、服务七个层面，其中技术的数字化转型又可划分为研究的数字化转型、方法的数字化转型及成果的数字化转型（见图 2-3）。

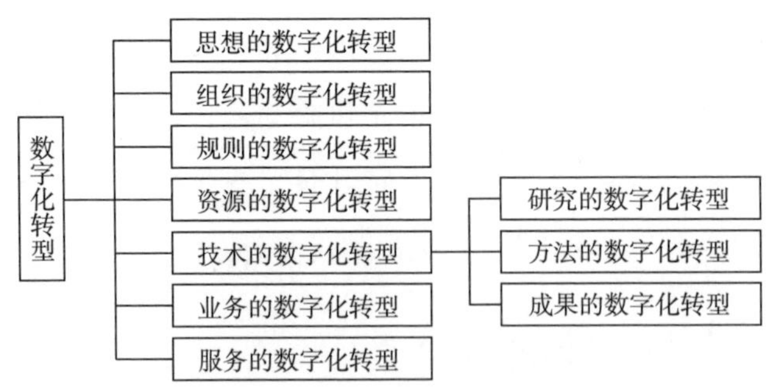

图 2-3　数字化转型内容

（三）计量数字化转型的内涵

1. 定义与内容

根据前述关于数字化的定义，计量数字化可定义为：一般来讲，即应用数字化技术，实现计量标准装置的数字化、计量规范规程的机器可读、校准检定检测操作的数字化、校准证书测试报告的数字化，形成量值数字校准链、数字溯源链，以数字化方式传递测量信任和量值统一，确保在数字世界中量值的统一与溯源以及对数据和算法的信心与信任。

计量数字化转型可以简单划分为两大阶段：一是传统计量的数字化；二是数字的计量化（见图 2-4）。从计量数字化转型的内容来讲，计量数字化转型覆盖多个层面（见图 2-5）。数字化转型通过开发数字化技术与支撑体系，构建可持续运行的数字化体系。该体系从数字化转换到数字化升级，最后实现数字化转型，包括对信息的数字化处理、流程的数字化处理及业务模式的数字化处理（见图 2-6）。

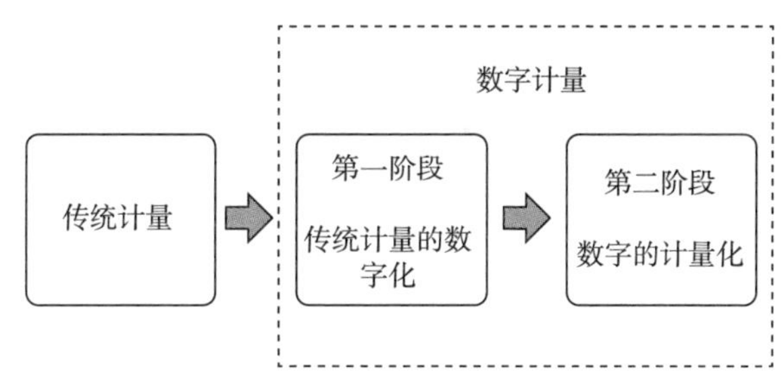

图 2-4　计量数字化转型的阶段

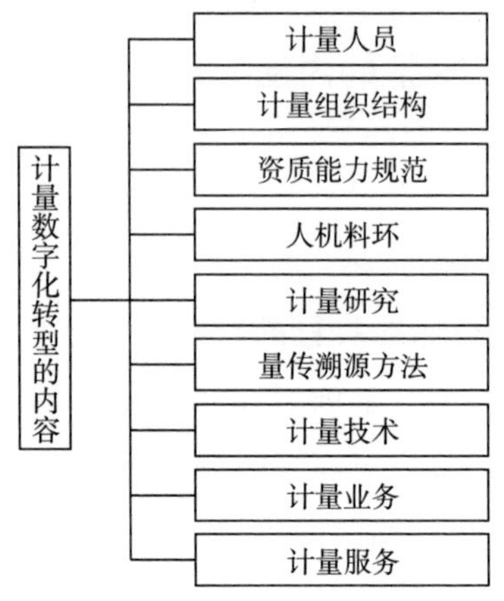

图 2-5　数字化转型的内容

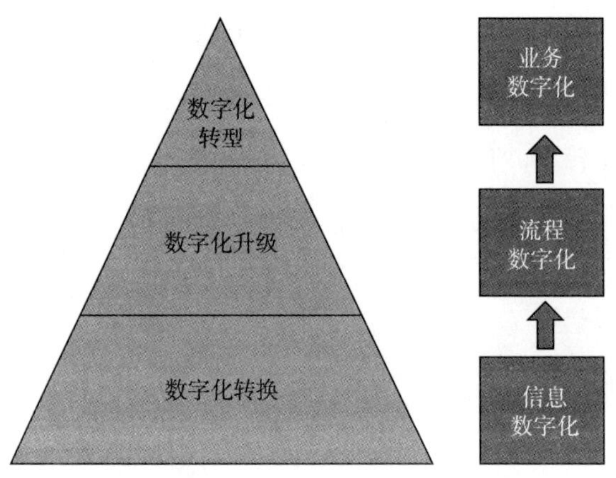

图 2-6　数字化转型的层次

2. 计量数字化能力

计量数字化能力可划分为要素维、过程维、管理维（见图 2-7）。其中，要素维是计量数字化能力包含的要素，包括数据、技术、流程和组织；过程维是计量数字化能力的持续发展过程，即策划—支持、实施与运行—评测—改进的循环过程；管理维是计量数字化能力的管理内容，包括数字

化治理、组织机制、管理方式与组织文化。能力维度的构成也决定了计量数字化能力项的建设要求，如图 2-8 所示，能力项的建设是一项系统工程，组织应从过程能力、要素能力、管理能力三个维度出发来培养。

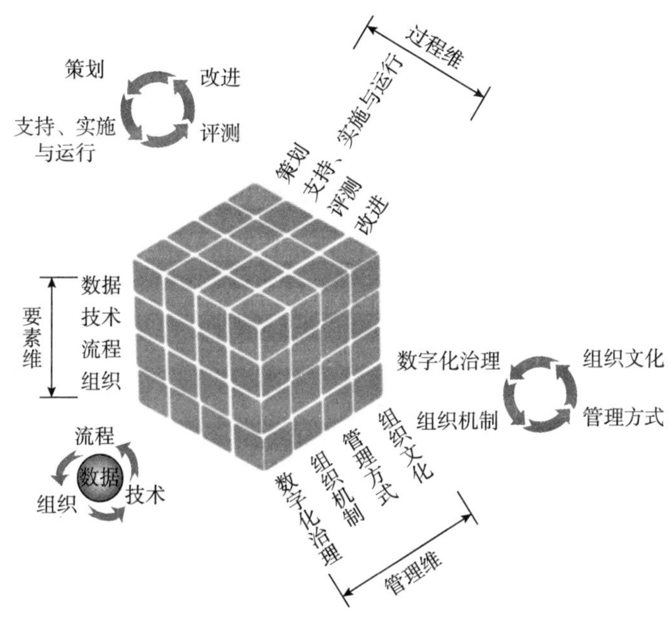

图 2-7 计量数字化能力三大核心维度

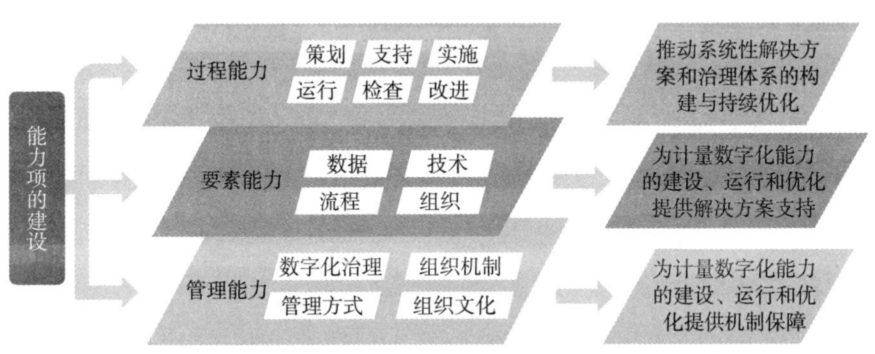

图 2-8 计量数字化能力项建设

通过构建计量数字化转型能力评估模型，对企业计量数字化能力成熟度进行评估，包含五个层面：①计量数字化发展战略，代表计量数字化的价值主张，包括竞争优势、业务场景、价值模式等内容。②数字业务创新转型，代表计量数字化的价值获取。③计量数字化能力，代表计量数字化的价值创造与传递。④计量数字化系统性解决方案，代表计量数字化的价值技术支持，包括数据、技术、流程、组织等内容。⑤计量数字化治理体系，代表计量数字化的价值管理保障（见图 2-9）。其中，每一视角都是另一视角的需求体现，反之也是需求实现的支撑。

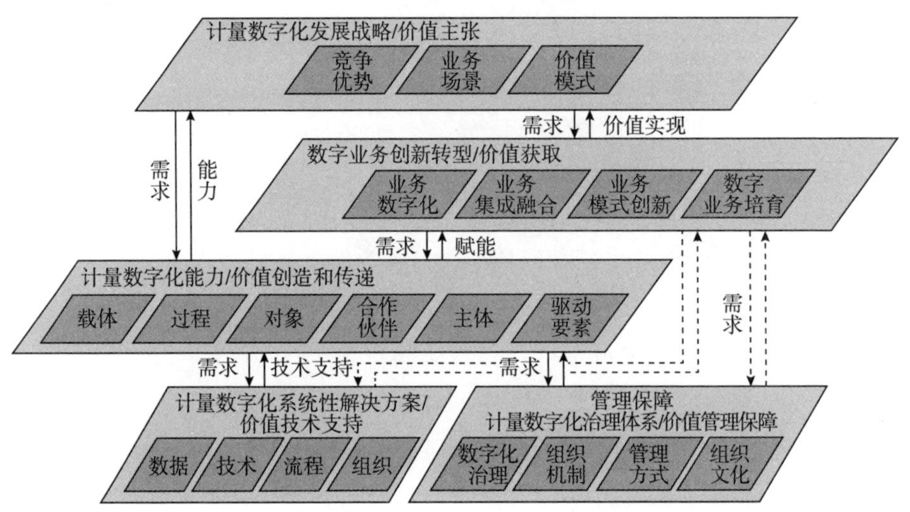

图 2-9　计量数字化转型能力成熟度的五个视角及其关联关系

3. 计量数字化转型的基本逻辑

不同类型的计量机构需要与计量体系中的其他组成主体产生联系。数字化转型可以突破物理空间限制，通过网络传输增强不同主体之间的联系。而计量机构内部，以机构架构为核心，融合了业务视角和技术视角：业务视角通过业务构件化、服务编排化，实现业务数据化；技术视角通过构件业务化、编排服务化实现运维业务化，在基础设施的基础上，提供数字化

支撑的计量服务模式（见图 2-10）。

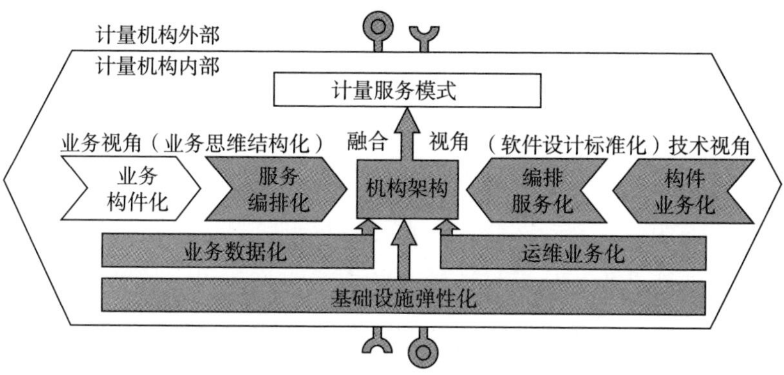

图 2-10 数字化支撑计量服务模式

计量数字化转型要从计量发展历史出发，考察历史过程中计量的发展脉络，紧紧围绕核心发展战略，以战略视野分析未来的发展趋势与方向。借助价值链工具，分解不同环节所需的战略能力，从业务和技术双角度分析每一项能力如何培养建设（见图 2-11）。

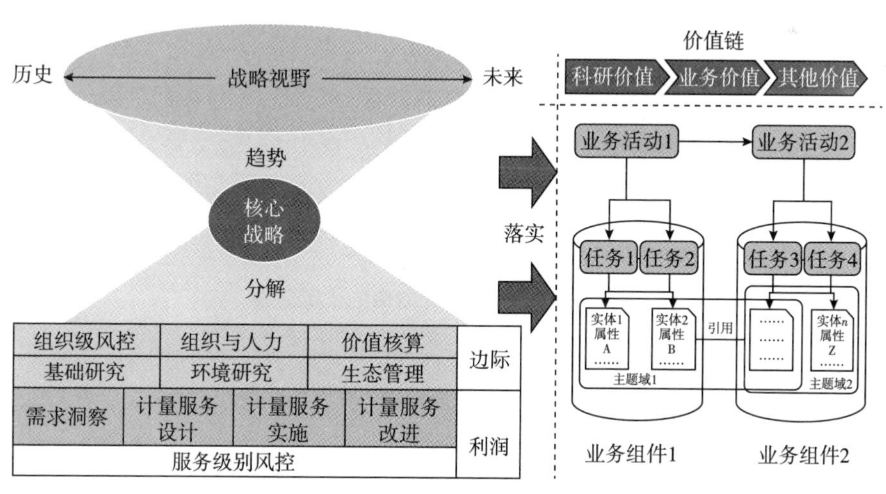

图 2-11 计量数字化转型逻辑

从计量发展战略实现的角度出发，一是需要梳理产业计量发展战略中的竞争合作优势需求，根据需求构建计量业务场景，确定价值模式。二是根据战略梳理情况，识别计量新型能力。三是围绕能力建设需求，以计量数据为核心，从组织、技术、流程三大模块构建系统性的解决方案，并通过组织文化、数字化治理、组织机制、管理方式四个要素组成计量数字化治理体系，遵循“策划—支持、实施与运行—评测—改进”的流程赋予该治理体系持续性动力，从而打造计量数字化新型能力。借助新型能力，实现业务创新转型，包括业务模式的创新、业务的集成融合及业务的数字化转型，最终实现计量数字化战略（见图 2-12）。

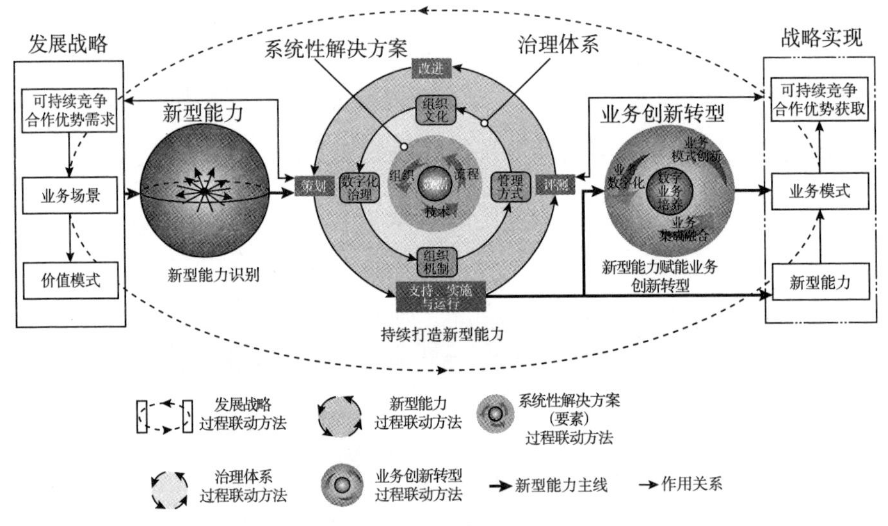

图 2-12　计量数字化战略的逻辑路线

4. 计量数字化转型实施的重点

计量数字化转型实施的重点主要是方法论的研究、计量行业标准的实践、无边界计量的构建与计量行业洞察四个方面。

（1）方法论的研究。

我们需要能够对数字化转型进行长期指导的理论，结合计量机构自身实践去不断提炼经验、知识，有必要总结出适用于计量机构自身的方法论，可能会决定计量机构未来的差异化程度。理想情况是以一个相对成熟的理论作为学习和演进的起点。

方法论的研究是"知行合一"的过程，不能仅满足于"拿来主义"，而必须在"拿来主义"基础上形成更好的研究和实践能力。以任何方式建立的架构都需要持续更新、调整和演进，机构架构或者敏捷架构都一样，失去维护都会有"破窗效应"，因此，在实践中对方法论的研究尤为重要。

如图 2-13 所示，方法论的研究思路为：一是数字化转型是创新与变革。数字化转型成功的前提是：有强烈的转型意愿，敢闯、敢试、敢投入。特别是高层亲自参与，制定转型战略和愿景，并分步实施落地；在过程中敢于试错，还能坚定不移地投入资源，此类计量机构的数字化转型更有成效。可见，计量数字化转型首先源自计量机构高层的强烈意愿。

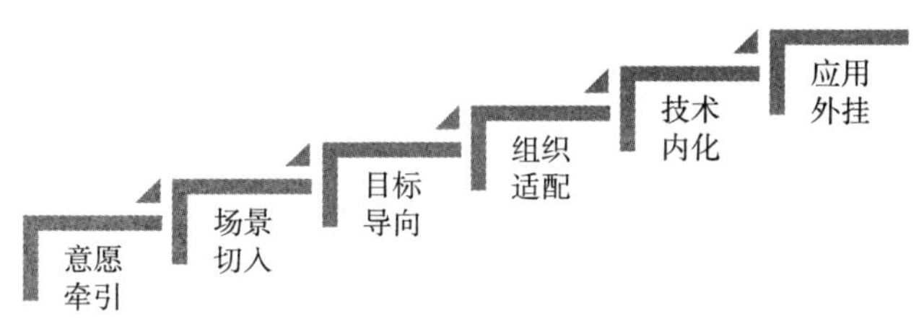

图 2-13　方法论研究遵循的思路

二是聚焦三大价值场景，选定转型投入方向。生产力藏在场景中。从小场景切入，步步推进，是推动计量数字化转型成功的又一要素。计量的价值场景通常包括三大方面，即通过提升基标准量值准确可靠程度、拓展服务提高效率、增加收益，实现经济价值；实现安全、卫生、公平贸易等的社会价值；实现以整体安全可靠、架构可持续演进、规模可灵活扩展为原则数字化系统建设的可持续发展价值等。场景选定即明确了数字化转型的投入方向和阶段目标。

三是目标导向、组织适配，面向目标，构建三方联合的创新组织。以目标为导向开展数字化转型的同时，还要看到数字化转型是一个系统工程，各个组织都有能力短板。“客户、伙伴、计量机构”是一个“铁三角”形的创新组织，即客户有清晰的发展规划和业务应用场景，伙伴有沉淀多年的数字化经验，计量机构有深厚的行业知识和技术，从而能更好地解决数字化转型过程中的难题，帮助客户更快实现计量溯源。

四是技术内化。有了场景、目标和组织，还需要客户、伙伴、计量机构联合进行架构重构。即基于客户的量值溯源要求，规划远程在线量值溯源架构服务，基于溯源的法定权利和义务以及数据流动明确量值溯源运行操作的应用架构和信息架构，通过整合数字计量技术支撑客户的量值溯源技术架构的设计与建设。

五是应用外挂，坚持客户的系统由伙伴打造。计量机构坚持有所为，有所不为。有所为是指针对量传溯源场景，发挥计量机构在远程、在线等数字计量技术方面的优势，提供不同设备量传溯源服务的组合。有所不为是指有清晰的边界，坚持被集成，发挥伙伴对计量业务的理解力，来开发应用和设计信息架构，发挥客户的计量业务理解能力，计量机构与伙伴、客户一起打造场景化解决方案，帮助客户系统化解决量传溯源问题。

（2）计量行业标准的实践。

计量机构数字化架构开建是个“浩大”的工程，需要更经济的构建方式。计量机构有较强的相似性，整个行业存在“同质性”，但是开展信息化建设，软件产品经常“不通用”，意味着设计“不通用”，再向上推导演变成了计量业务“不通用”，这与计量业务的“同质性”又相矛盾。其中也有组织结构等因素，也说明在标准建设方面需要进一步加强，特别是对软件设计有指导性作用的计量行业级标准，如流程规范、产品规范、数据规范等，在这些方面监管机构都曾有相关要求，但是并没有转化为统一设计标准的动力。随着数字化发展速度的加快，此类行业性“重复”设计会影响数字化发展速度，也会拉高计量机构数字化成本和更广泛的生态连接成本，所以，共同的标准和结合共同标准的计量数字化架构预设框架对数字化建设意义重大。预设框架也有可能发展成为应用平台即服务（Application Platform as a Service，APaaS）等方向的重要支持力量（见图 2-14）。

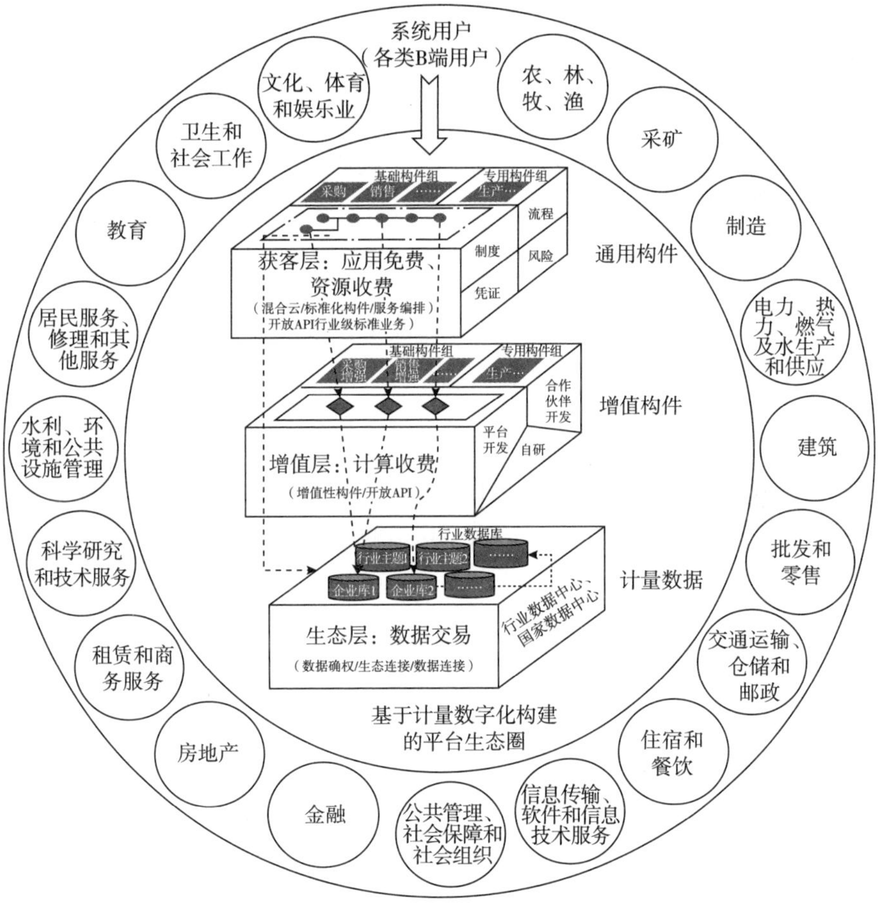

图 2-14 计量行业标准的实践框架

（3）无边界计量的构建。

数字化转型已从前沿或边缘转移到核心。与此同时，AI、自动化、物联网、区块链和 5G 等技术已经达到可大规模应用的成熟程度，能够进一步对业务成果产生切实影响。各行各业的组织都在努力向技术、平台和体验转型。计量的演变称为认知型计量的兴起——通过构想开创性计量业务平台、塑造智能化工作流程及更深入地关注体验和人性化，让认知型计量成为现实。无边界计量的构建可以划分为六部分内容，包括开创性的平台战略与生态系统、科学和数据主导的创新、扩展的智能化工作流程、可持续发展与社会影响、包容性的人技偕行及开放安全的混合云与网络。

其中，开创性的平台战略与生态系统方面，开放性是无边界计量的决定性特征。开放性有助于推动构想中的计量业务平台扩展，以包含更广泛的生态系统。计量机构不仅要认识到，结合各种平台有助于拓展新市场，还要认识到形成大规模的影响，需要联合其他有实力的参与者。通过优化平台的经济性、开放的连接和无摩擦的互动，无边界计量就能够支持开创性平台战略与生态系统中的所有参与者。

科学和数据主导的创新方面，无边界计量的开放性有助于快速获取基标准和计量服务创新的新来源。计量人员将其从自身及生态系统合作伙伴那里获取的海量数据作为坚实基础，基于预测性和前瞻性分析，采用科学的发现方法，开展创新。

扩展的智能化工作流程方面，智能化工作流程是激发无边界计量活力的“金线”。它建立了价值链的支柱，将生态系统的参与者紧密联系在一起。随着工作流程范围不断扩大，极致自动化、AI、物联网等应用技术的力量将被成倍放大，发挥出巨大的效率和差异化优势，并使平台更具吸引力。智能化给虚拟化网络、连接和技能互动等方面带来了新的机会，为工作流程注入活力，并能显著提高工作流程的敏捷性。

可持续发展与社会影响方面，无边界计量提高了全国以及全球互联互

通的程度以及企业彼此之间和行政机构对企业监督的影响。使计量的宗旨和意图与更广泛的社会影响保持一致。随着国家日益重视可持续发展以及利益相关方各方面的收益，新的生态系统计量业务模式可帮助提供解决方案，以应对气候、健康、安全、和平等全球面临的重大挑战。

包容性的人技偕行方面，无边界计量采用已成为常态的新工具和工作方式，充分把握人技接口加速重置的契机，包括面向客户的数字化渠道及跨流程的无缝虚拟工作方式。实现人技偕行需要建立新型的领导、激励、互动和连接方式，以应对人类同理心、创造力和归属感等方面日益严峻的挑战。

开放安全的混合云与网络方面，无边界计量充分利用混合云架构所承诺的灵活性和敏捷性，使计量机构能够开放地与业务合作伙伴合作，并充分发挥主要开放计量技术的潜力以推动创新。无边界计量以强大的网络和安全的技术基础架构为基础，确保能够在适当的总体架构中运行适当的量传溯源工作负载，并且具备全国乃至全球范围的即插即用兼容性。

（4）计量行业洞察。

强有力的计量行业洞察力是计量数字化转型实施的重要关注点之一。计量机构架构方法论的核心任务是对战略的分解、传导，是帮助计量机构将零散的能力“聚沙成塔”。计量数字化转型战略是计量机构管理者或者整个计量机构共同的责任。计量数字化转型战略与计量机构架构的关系就像内容和表达的关系，没有好的数字化转型内容不会产生好的机构架构表达；反之，没有好的机构架构表达也会浪费好的计量数字化转型内容。

5. 计量数字化转型的技术基础

当前新一代信息技术主要包括物联网、云计算、大数据、移动互联、区块链等。这些技术都为产业计量数字化提供了坚实的技术基础。

物联网简单来说是物与物的互联，强调通过传感器等设备，将物与物通过互联网连接起来，从而能够进行信息的交换，主要用以支撑识别、采集、定位、监控、跟踪与管理等活动。物联网的核心技术包括：一是传感器技术，通过传感器，使物与环境之间能够有效沟通；二是嵌入式技术，通过嵌入“小型计算机”，能够让物本身具有一定的智能化管理能力。物联网能大大满足产业计量对动态性与检测环节的要求。

以北京市燃气集团有限责任公司进行的能源计量管理信息化建设为例。北京市燃气集团是全国业内规模最大的燃气供应商之一，管网规模、用户量、供气量等指标均处于全国前列，是一家有60多年历史的国有企业，北京市的燃气供应几乎都由北京市燃气集团负责。近年来北京市燃气集团始终大力推动燃气领域科技创新，取得了不少瞩目的成果，但生产过程中依然存在着一些问题，如北京市这样规模大、人口密度高、用气量大的城市，如何有效整理能源数据、如何有效进行安全管理、如何实现单一结构能源向多元能源过渡等。为了解决这些难题，北京市燃气集团大力引入信息技术，开发制造了支持导航技术与物联网技术的集成芯片，并以此为基础，研发制造了一批应用于管道检测检验的设备，如气体检测仪、检测车、检测无人机等，并实现了配套的检测方法、制度体系创新，大大提高了测量效率。在检测范围方面，拓宽了检测范围，由二维平面检测向三维空间全方位检测转变；在检测时效性方面，由静态检测向动态实时检测转变；在检测环境方面，突破了一般人工难以做到的复杂环境监测限制，实现智能化高效监测。

云计算是一种脱离了用户使用端硬件限制，借助互联网高效传输的特点，将本地资源无法支撑或成本高昂的计算活动以远程服务的方式提供的技术。使用方实际是租用了云计算提供方的软硬件资源及计算能力。一般云计算可以分为三种方式：一是基础设施即服务（Infrastructure as a Service，IaaS），提供软硬件等基础设施租赁，由使用方自己决定设施的使用方式与计算内容；二是平台即服务（Platform as a Service，PaaS），提供云计算平台基础工具，由使用方使用这些基础工具构筑符合自己使用目的的平台；三是软件即服务（Software as a Service，SaaS），提供成型的软件平台，使用方可以直接使用这些平台，无需进行软件部署、升级、安装等各类冗余操作。

云计算可以有效促进信息资源自由流动，实现资源充分利用，是信息化行业发展的必然进程。

产业计量要想实现数字化、打通全产业链，需要云计算来提供统一共享的信息资源。通过云计算，可以将大量的产业计量信息、服务分散到庞大的计量机构所构成的云网络中，提高机构协同处理能力，提升整体工作效率，改善流程。同时，当处理大量产业计量数据时，只有通过云计算才能以较低的成本满足所需的算力。

大数据技术是随着信息化社会不断发展，各个领域的数据不断积累，数据规模不断扩大，直到使用常规的数据处理方式与工具无法有效处理这种规模的数据集合，从而产生的一种新技术。大数据的处理过程一般有五个环节，覆盖数据源获取到数据价值实现，包括数据准备、数据存储和管理、计算处理、数据分析和知识展现。目前，大数据技术涉及的数据模型、处理模型、计算理论，与之相关的分布计算、分布存储平台技术、数据清洗和挖掘技术，流式计算、增量处理技术，数据质量控制等方面的研究和开发成果丰硕，大数据技术产品已经进入商用阶段。

目前，大数据技术在金融、能源、医疗、交通、农业等多个行业普遍应用，主要在于借助数据前端设备与后端分析平台，实现对数据的有效分析与挖掘，积累了大量产业数据，为产业计量应用大数据奠定了良好的基础。目前，各类云服务市场发展迅速，政府及许多企业、机构甚至个人都开始使用云服务，为高效采集不同产业与企业的计量检测数据提供了良好的技术条件。由于产业计量的落脚点始终是推动产业的高质量发展，对产业计量数据的分析必不可缺，借助大数据技术，可以对产业生产经营活动中的计量数据进行数据整合、清洗、挖掘与分析，有效指导企业对生产经营活动质量进行分析判断，帮助企业改善生产管理体系，推动产业整体生产力得到提高。诸如移动互联、区块链等技术均或多或少地为产业计量数字化提供了技术上的保障，产业计量数字化的技术手段多样，技术基础扎实，在技术方面有较好的可行性。

（四）数字化对产业计量的影响

数字化过程是指借助互联网、大数据、人工智能、边缘计算、云计算等新兴信息技术，对组织机构的战略方针、组织架构、生产流程、销售方式、运维体系等各个方面进行信息化角度的映射与改革，重点在于数字化技术在流程中的应用，以实现组织整体信息化、智能化程度提升。技术的作用不是解决组织某一个方面的问题，而是通过对业务流程的重新塑造以实现对全业务效能的综合提升与突破。

产业计量的核心关键是产业的发展需要，要求计量能够针对产业的自身特点，进行适应性改进，能够融入产业的上下游，发挥计量价值。从其本身的特点与要求来看，要发展产业计量，数字化是必经之路。数字化是在新一轮科技革命和产业革命背景下，通过对云计算、互联网、大数据、物联网、人工智能、边缘计算等新兴科学技术的探索，以数据要素为核心，挖掘数据潜能，提供新时代发展动力，提高业务信息化水平，强化业务发展体系创新升级，优化改良传统动能，培育发展新动能，充分挖掘数据价值，实现数据应用指导组织发展的过程。数字化对产业计量具有积极的影响。

1. 数字化是满足产业计量的基本途径

产业计量具有时效性、经济性、测量方法的灵活性、在线计量的现实性、测量数据的精确性等各类特征。这些特征，尤其是时效性、精确性对计量手段提出了严格的要求。产品生产过程中，关键量值可能只能在几毫秒间进行测量，同时对测量环境的要求也存在各种差异，可能存在极端温度、高酸碱度、高浓度有害气体等严峻环境。为了满足测量环境条件、测控数据获取方式、测量准确度、测量统计与计算方式等需求，数字化是基本途径之一。

2. 数字化打通了全产业链，释放了数据价值

产业计量服务于全产业链，过去针对单一设备、单一环节的计量工作无法满足现代社会生产发展需求，为此，支持产业计量的技术手段也应能贯穿全产业链。仅依靠人工采集、处理、汇集整个行业上下游的数据必然是一项成本高昂、费时费力的工作，无法在短期形成有效的结果。要想有效发挥数据价值，必须借助信息化技术，联通前端数据采集设备与后端信息平台。只有通过信息化手段，借助数据采集设备与相关的信息系统，采集生产经营活动中各个环节的有效生产数据，进行数据清洗、加工、挖掘等，转化数据价值，联通各个环节间的数据，才能实现网络实时控制与智能化应用，从而通过数据价值释放指导企业的生产经营活动。

3. 数字化提升了计量生产力

数据作为区别于土地、劳动力、资本和技术等传统生产要素的新兴生产要素，要想有效发挥要素价值，离不开数字化的支撑。数字化能够有效利用网络传播高效快捷的优势，改善部门合作分工的生产关系，充分发挥自动化、智能化的优势，有效降低大量重复性劳动工作成本，从底层提高社会生产力。计量领域，通过数字化可以方便高效地采集计量测量数据，实现实时远程动态数据获取，并借助信息化平台，实现对计量测量数据的整合、清洗、分析、挖掘与应用，全面提升对计量活动的治理管理水平，使计量生产力大幅度提升。

四、数字化运营的理论基础

（一）数字化运营的概念

数字化运营是指借助信息技术手段，围绕数据链应用，重新构筑行业

上下游各个环节，以数字化方式进行运营活动。数字化运营可以提供全局视角，帮助运营管理人员有效观察整体运营图景，通过信息技术应用与数据分析等方式，让管理人员能够客观评估运营过程中的风险、效果，及时进行战略调整，帮助企业在运营过程中强化周转能力，充分提高生产效率，减少库存积压、交付周期长、管理成本高等问题。数字化经营是一种较为规范的运作方式，数字操作把原本根据人的经验判断执行的操作方法转变成了自动化的操作方式。

（二）运营模式相关理论

运营模式概念的提出最早可追溯到 20 世纪 80 年代，在讨论信息技术行业发展的文章中，提出了针对企业的管理运营理论。随着信息技术行业不断发展，尤其是互联网的快速发展，全球各地的企业发展模式都出现了很大的变化，企业运营如何适应互联网时代成为新难题。这一阶段出现的运营理论主要针对企业商业模式创新进行研究。

对运营模式的研究，首先要分析的是运营模式对企业经营活动的影响及作用，即为什么要研究运营模式，运营模式研究的价值在哪里。从这个角度出发，学者们开展了大量研究工作。部分学者提出，企业几乎所有的活动都属于运营模式的一部分，包括盈利方式、企业组织架构、发展计划与战略等，对企业运营模式的研究实质上就是研究企业发展的方方面面。部分学者从定义角度出发，认为企业的组织流程对价值创造有很大影响，企业的价值增值就发生在对组织流程的不断优化中。部分学者认为，运营体系实质是组织机构体系的体现，该体系可以通过有效调动企业内外部资源和能力，改进企业的生产能力，从而实现价值。还有学者认为，所谓运营其实就是怎么做生意，运营模式就是做生意的模式，是企业生存的基础。从以上理论可以看出，学者重点将运营模式和价值创造或者创造的载体及方式联系在一起。

运营模式的第二个重点在于运营模式的构成，即运营模式究竟由哪些要素组成。不同学者对运营模式研究的重点不同，也没有形成统一的观点。从企业战略管理角度出发，鲁森布鲁姆等学者提出，运营模式的确定应包括六个主要内容：明确地表达企业价值主张、识别产品及服务的细分市场、界定活动的价值链构成、估计成本构成和利润空间、定位企业在整个价值创造过程中的位置、详细规划企业竞争策略；霍克等学者从营销管理的角度提出，商业运营应包括八个要素：竞争、产品和服务、客户、供应商和分销商、合作伙伴、营销战略、流程及组织。何德曼等学者从企业微观角度考察商业运营模式的构成要素，提出应包括客户、竞争者、企业提供的产品或服务、企业活动和组织、资源及要素市场和生产输入等。

同样，对运营模式分类问题研究的切入角度较多，综合来看，目前对运营模式主要是从战略和运作角度进行分类，与现实经营情况更相符合。从战略角度出发，运营模式需要从规模经济、范围经济、战略管理和竞争优势等方面进行分析制定。典型的战略层面运营模式主要包括：远程协作模式、虚拟运作模式、协作产品开发模式、产品及服务外包模式和价值链垂直一体化整合模式。运作层次的运营模式是微观角度的企业管理或者工业工程知识的应用，其中包括质量管理方法、业务流程改良、产业链管理、客户关系管理、生产技术革新等，这些方法都属于运作层次上的运营模式。运营模式涉及公司组织最根本的问题，涉及战略计划制订、生产经营、营销模式等方面。可见，运营模式与其他管理概念之间存在一定交集，运营模式对于企业的研究价值非常大。

本章借鉴企业管理领域的运营模式研究，探讨能源领域计量大数据应用与产业计量数字化转型的运营模式，探索运营目标、分析运营模式、挖掘价值创造、运营机制建设和运营风险管理。

（三）数字化运营的关键难点

1. 数字化运营缺少整体战略规划

目前，我国面临着复杂多变的国际市场环境，经济社会发展需要企业进行业务调整与管理体系升级以应对市场变化。数字化运营的基础在于数字化转型，目前很多企业还没有完全完成数字化转型，对于如何开展数字化转型以及制定数字化运营战略都缺少经验与方向。数字化战略规划的缺失也体现在业务方面，业务体系的改善和数字化建设之间没有互相融合，难以支撑后续数字化运营的革新。

2. 数字化能力建设困难

数字化运营需要企业完成数字化能力建设，但与通常的信息化建设不同，数字化能力建设无法仅通过设备与平台等软硬件设备实现，还需要深入规划业务体系、治理体系和管理模式等，要求对企业原有的旧系统与制度等进行全方位的升级改造，也需要不断引入新技术、新理念构筑持续创新环境。在此过程中，企业需要一边依赖旧体系维持生产，一边不断进行体系革新，因而往往容易陷入冲突，同时企业又会受到技术、能力、成本的限制，导致数字化能力建设困难。

3. 缺少数字化运营管理人才

目前，我国企业普遍对数字化运营的概念与内容认识不足。大部分企业不会专门设立数字化管理部门，通常只会设置信息技术管理部门，在人才输送方面，高校更多关注传统信息技术的技术内容培养，对数字化转型和运营方面的管理型人才培养较少，同时这类人才也需要一定的实践经验，培养方式不够成熟，整体而言，高端数字化运营人才处于短缺的状态。

4. 数据协同困难

实现数字化运营模式需要流程节点的高度协同，但实际市场中企业缺乏数据共享意识。企业之间出于保密意识与成本控制的考虑，往往抵触对外共享数据，无法形成有效的数据协同与共享机制，容易出现数据孤岛现象，无法整合产业资源，发挥数据价值。

5. 数字化运营价值实现周期较长

数字化运营模式改革是一项涉及企业全业务、全部门、全职能的系统性工程，往往跨越周期长、涉及范围广、实施难度大，需要分阶段、分时期实施。从外在表现来讲，数字化的投资见效慢、回报周期长，企业又会受到成本效益的钳制，在长期无法收到效益回报后可能会受到管理层的质疑，导致相关投入减少，延长回报周期，陷入恶性循环。

五、小结

随着我国数字经济的不断发展以及数字计量的提出，计量领域从一般实体空间拓展到网络虚拟空间，计量的数字化成为关于测量科学的系统性与全局性的变革。计量数字化是一个持续的进程，要求能够将物理计量世界全面映射到数字计量世界，利用数字世界沟通、信息共享、诊断、预测、模拟的优势，与物理世界形成交互和反馈，直接推动计量的发展，最终实现数字世界中量值的统一与溯源以及提高对数据和算法的信心与信任。

第三章　计量大数据与计量数字化的关系探究

2022 年 1 月，国务院出台了《“十四五”数字经济发展规划》，规划中提出要“推进数字产业化和产业数字化发展”。我国将建立数据资源的产权、交易流通、跨境传输和安全保护等方面的基础制度和标准规范，推动数据资源开发利用，积极参与数字领域国际规则和标准的制定。同时，新技术对计量提出了相应的需求。在复杂的信息环境下，数据在创建、存储、应用、维护、迁移、报废的整个生命周期的各个环节中，都会产生不同的数据质量问题。如何推动数据资源开发利用，数据资产如何确认、计量，都是值得深入探讨的问题。基于上述背景，本章将探索计量大数据与产业计量数字发展的关系。

一、产业计量数字化的概况

（一）信息化与数字化的联系与区别

信息化是指充分利用信息技术，开发利用信息资源，促进信息交流和知识共享，提高经济增长质量，推动经济社会发展转型的历史进程。

数字化是将模拟信号转变为数字信号的过程。将许多复杂多变的信息转变为可以度量的数字、数据，再以这些数字、数据建立起适当的数字化模型，把它们转变为一系列二进制代码，引入计算机内部，进行统一处理，这就是数字化的基本过程。

信息化的立足点是企业内部的价值链，通过信息化的改造去降本增效，客户只是整个价值链中的一环，是一个从内向外的过程；数字化的立足点是企业的整个价值关系网，整个变革的过程需要站在客户视角去审视企业的产品和服务能力，从而驱动企业内部流程的变化，是从外向内看的过程。

信息化和数字化绝对不是割裂的、对立的，而是联系的、发展的。信息化与数字化的区别如图 3-1 所示。

信息化		数字化
以产品为中心	VS	以用户为中心
解决企业内部问题		解决企业内外部问题
以流程管理为主导，锁定流程行为		以效率为主导，借助数字化锁定数据资产行为
数字特征静态化，以月结数据为主体		数字特征动态化，以在线化手段实现动态链接
业务之间的数字关系分割、不完整甚至流失		企业全链路数字化打通，内部资源与外部资源链接
以PC端应用为主		以移动应用为主，打通IOT，获取更多用户交互信息
通过粗颗粒度的信息属性来为实体建模		全要素数据的细颗粒度

图 3-1　信息化与数字化的区别

（二）计量数字化的定义

计量数字化，即应用数字化技术，实现计量标准装置的数字化、计量规范规程的机器可读、校准检定检测操作的数字化、校准证书测试报告数字化，形成量值数字校准链、数字溯源链，以数字化方式传递测量信任和量值统一，确保在数字世界中量值的统一与溯源以及对数据和算法的信心与信任。

（三）产业计量与数字化关系论证

1. 数字化的本质

数字化的定义是指将信息转换成数字（便于电脑处理，通常是二进制）格式的过程，将一个物体、图像、声音、文本或者信号转换为一系列由数字表达的点或者样本的离散集合表现形式。其结果被称作数字文件，或者更具体一点，数字图像、数字声音等。

广义上的数字化，则是通过利用互联网、大数据、人工智能、区块链等新一代信息技术，对企业、政府、产业等各类对象的战略、架构、运营、管理、生产、营销等各个层面，进行系统性的、全面的变革，强调的是数字技术对整个对象的重塑，提升对象整体的信息化、智能化程度。数字技术能力不再只是单纯地解决降本增效问题，而是成为赋能模式创新和业务突破的核心力量。

产业计量的根本是产业的需求，不仅包括传统的计量器具和测试设备的测量和溯源，还包括全产业链、全生命周期中遇到的诸多测量问题。从其本身的特点与要求来看，要发展产业计量，数字化是必经之路之一。数字化是顺应新一轮科技革命和产业变革趋势，不断深化应用云计算、大数据、物联网、人工智能、区块链等新一代信息技术，激发数据要素创新驱动潜能，打造提升信息时代生存和发展能力，加速业务优化升级和创新转型，改造提升传统动能，培育发展新动能，创造、传递并获取新价值，实现转型升级和创新发展的过程。

2. 计量与数字化的关系

（1）数字化是满足产业计量的基本途径。

产业计量具有时效性、经济性、测量方法的灵活性、在线计量的现实

性、测量数据的精确性等各类特征。这些特征，尤其是对时效性、精确性的要求对计量的手段提出了严格的需求。在很多产品的生产过程中，关键量值可能只在几毫秒间能够进行测量，同时对测量环境的要求也存在各种差异，可能存在极端温度、高酸碱度、高浓度有害气体等严峻的环境。为了满足测量环境条件、测控数据获取方式、测量准确度、测量统计与计算方式等差异化需求，数字化是基本途径之一。

（2）数字化打通了全产业链，释放了数据价值。

产业计量服务于全产业链，过去针对单一设备、单一环节的计量工作无法满足现代社会生产发展需要，为此，支持产业计量的技术手段也应能贯穿全产业链。仅仅依靠人工采集、处理、汇集整个行业上下游的数据必然是一项成本高昂、费时费力的工作，无法在短期取得有效的结果。只有通过信息化手段，借助数据采集设备与相关的信息系统，将各个环节的生产过程加工生成相关数据、信息、知识来支持效率提升，通过对数据的实时获取、网络协同、智能应用，打通各个环节的数据孤岛，让数据在产业内自由流动，数据价值才得以充分发挥。

（3）数字化提升了计量生产力。

数字化能够使计量从传统生产要素转向以数据为生产要素，从传统部门分工转向网络协同的生产关系，从传统层级驱动转向以数据智能化应用为核心驱动的方式，使生产力得到极大提升。数字化强化了内外计量数据的采集、融合、分析、应用、治理能力建设，能够实现计量数据在信息系统、软硬件、自动化设备与人之间的实时、自由有序流动。

（四）产业计量数字化的技术基础

当前新一代信息技术主要包括物联网、云计算、大数据、移动互联、区块链等。这些技术都为产业计量数字化提供了坚实的技术基础。

1. 物联网

物联网是指通过信息传感设备，按约定协议，将任何物品与互联网相连接，进行信息交换和通信，以实现智能化识别、定位、跟踪、监控和管理的一种网络。其应用中的两项关键技术即传感器技术和嵌入式技术。物联网能大大满足产业计量对动态性与检测环节的要求。

本节以北京市燃气集团有限责任公司进行的能源计量管理信息化建设为例进行说明。作为全国最大的单体城市燃气供应商，北京燃气集团管网规模、燃气用户数、年用气量、年销售收入均在全国位列前茅，是市属国有燃气供应企业，承担北京市95%的燃气供应保障、运营安全和供应服务等，但同时其针对超大城市燃气管网的计量管理也常年面临“数据庞杂碎延”“安全管控孤泛”“能源利用单一”等技术难题。为了解决这些难题，北京燃气集团大力引入信息技术，自主研发了基于北斗与物联网技术的市政一体化芯片，基于芯片形成了气体检测仪HS660、甲烷检测小车、激光泄漏检测车、激光远程泄漏检测无人机等管道检测系列产品，并建立了一套适用于能源行业的管网检测方法体系。检测覆盖了全动态范围，检测域由平面向三维空间延伸，率先在国内实现了全空间的空地一体化协作检测。这种基于北斗与物联网技术实现的空地一体协同检测，突破了检测域限制、环境干扰与检测时滞等问题，实现了复杂城市环境下埋地燃气管道的精准检测。

2. 云计算

云计算是一种基于并高度依赖于互联网的计算方式，通过这种方式，按需求在网络上将共享的软件资源、计算资源、存储资源和信息资源提供给网上终端设备和终端用户。云计算也可以理解为向用户屏蔽底层差异的分布式处理架构，在云计算环境中，用户与实际服务提供的计算资源分离，云端集合了大量计算设备和资源。按照云计算提供的资源层次，可以分为IaaS、PaaS、SaaS三种服务类型。云计算是推动信息技术能力实现按需供给、促进信息技术和数据资源充分利用的全新业态，是信息化发展的重大变革和必然趋势。

产业计量要想实现数字化，打通全产业链，必然需要云计算来提供统一共享的信息资源。通过云计算，可以将大量的产业计量信息、服务分散到庞大的计量机构所构成的云网络当中，提高机构协同处理能力，提升整体工作效率，改善流程。同时，当处理大量产业计量数据时，只有通过云计算才能以较低的成本满足所需的算力。

3. 大数据

大数据指无法在一定时间范围内用常规软件工具进行捕捉、管理和处理的数据集合，是需要新处理模式才能具有更强的决策力、洞察发现力和流程优化能力的海量、高增长率和多样化的信息资产。

目前，利用智慧城市等建立的公共服务云平台，配合“互联网+”，在能源、交通、医疗等典型行业均实现了大数据的应用示范，为产业计量大数据的采集打下了良好的基础。配合公共云或私有云技术，可以采集来自行业、企业的计量器具运营数据、内部质量检测数据，以及计量技术机构实施检定过程中的过程数据。由于产业计量的落脚点始终是帮助产业高质量发展，对这些产业计量的数据的分析必不可少，通过对不同来源的计量数据进行采集、监测、统计、分析，可以保障设备仪器在安装前、使用中的准确性和可靠性，为制定政策政务、提升管理水平、判定计量风险提供数据依据，从而实现资源聚合共享和集成应用服务。

其余诸如移动互联、区块链等技术均或多或少为产业计量数字化提供了技术上的保障，产业计量数字化的技术手段多样，技术基础扎实，在技术方面有较好的可行性。

二、计量数字化助力计量大数据体系构建

大数据体系的基本要素是数据，数据的采集主要依靠各类仪器仪表、信息系统或各种终端感应器，只有真实、准确、可靠的数据才能帮助构建能源大数据体系。而这些均有赖于计量测试的保障，若缺少标准化的计量器具、量值传递体系以及计量方法与标准规范等，构建能源计量大数据体系无异于空中楼阁。当下，数字化转型已成为提高效益、快速发展的重要手段，通过计量数字化，可以在多方面、多维度帮助企业实现计量大数据体系的构建。

（一）保证计量数据的准确统一

随着互联网、物联网以及云计算等技术的迅猛发展，数据逐渐成为重要的生产因素。从“数据”到“大数据”，不只是数据数量的积累，更重要的是数据质量的提升。当前环境下，数据类型繁多，包括结构化数据、半结构化数据与非结构化数据。其中，非结构化数据占到数据总量的大多数，加上大数据具有价值密度低的天然特征，由此产生的“数据孤岛”现象严重，如何将繁复、杂乱的各类数据整理提炼，挖掘出大数据中的潜在价值，盘活数据存量，是大数据的重点，也是难点之一。

目前，原始数据的来源按照采集空间不同可以分为物理空间采集与网络空间采集，物理空间的采集包括利用传感器等设备直接计量收集、人工收集等方式；网络空间采集包括网络爬虫、软件接口采集、日志文件采集、数据库共享、基于底层数据交换的数据直接采集等方式。能源产业中，计量数据获取主要方式为借助计算机直接采集以及人工填报，其中，计算机

采集通常由计量设备、数据集中器、用户终端、管理服务器和管理软件等部门构成；人工采集则通常设立专职采集人员定期进行量值计量及汇总，每种采集方式均存在准确性与统一性的问题。通常而言，测量的结果是具有误差的，采取不同手段、不同技术，在不同环境条件下进行的测量结果均会有所差别，与待测对象的真值之间存在误差，只有误差在允许范围内，测量结果才能被应用。随着社会经济的不断发展，当前对计量检定的要求越来越高，实际生产活动中，对不确定度的要求越来越严苛。对计量的发展提出了新的挑战。

在计量的基本性质中，统一性与准确性是计量的两条核心基本性质。统一性意味着计量单位制的统一与计量量值的统一，代表在不同地区、不同生产部门、不同产业、不同国家之间的计量统一；准确性是统一性的基础，也是计量的核心，要保证计量单位的量值统一性，就必须保证使用计量量值的准确可靠，只有计量的准确性得到实现，计量的作用与价值才能有所体现。数字技术的快速发展，使传统量值传递方式发生了变革，大大提高了量值传递过程中的统一性与准确性。传统计量中，量值传递和溯源通常为实物比对、检定和校准，借助数字化，量值的传递和溯源可以转变为数据的比对、检定和校准，仪器本体的传送运输转变为数据在网络上的快速传递。同时，数字计量的出现规范了数字世界中的量值传递，保障了数据在传输过程中的数据质量问题，有效提高了数据的准确性与统一性。

（二）保证计量数据的安全可信

随着社会信息化和网络化的快速发展，数据呈现爆炸式增长，数据量从 PB 跃升至 ZB 级别，从而催生出了大数据产业，大数据成为云计算之后的另一个信息技术领域的产业增长点。但大数据在飞速发展的同时，也面临着许多问题，其中安全与隐私问题成为关键问题之一。数据在收集、存储、处理、传输、应用等过程中面临着诸多安全风险，如数据泄露、数据造假、访问不受控等。同样地，在能源计量领域，获取的计量数据是否真实可信、数据来源是否准确、数据传输中是否存在失真、数据加工处理过程是否可靠、数据行为是否可以审计跟踪，都是能源计量大数据能否真正实现价值的前提条件。

在计量数字化的过程中，信任与信心是数字化良性使用的基本前提，计量要求能够将数据准确追溯到主要测量结果和国际公认标准，保持数字计量结果准确一致。人们在使用数据时需要了解数据的含义及数据的准确性，确定数据来源可靠，数据真实、准确、完整、未被篡改，并可正常使用。在计量实现数字化以后，比对、检定和校准计量等活动都将在网络上进行传播实行，许多旧有的安全保障措施都会发生变化。以计量校准为例，传统的计量校准以出具的纸质校准证书为最终成果证明文件，计量数字化以后，计量校准转化为在线的、远程的校准，校准证书也会转变为数字校准证书。在此过程中，通过时间戳、区块链等技术完成数字校准证书的可信验证，减少了人工参与。由此可见，计量数字化催生的以设备数字图谱、电子原始记录、数字证书为基础的量传体系，借助区块链等技术，可以实现计量数据的在线可靠采集，有效地提高了计量数据的安全可信度以及安全验证效率。

（三）保证计量数据全生命周期的质量可靠与可追溯

大数据是具有体量大、结构多样、时效性强等特征的数据，从数据的全生命周期角度来讲，数据依次经历创建、存储、应用、维护、迁移、报废等阶段完成一次生命周期循环。在整个生命周期的各个环节中，都会产生不同的数据质量问题，数据质量问题没有得到解决，数据的使用方就无法有效使用数据或根据数据做出置信的决策。为了应对这一挑战需要创新的数据集成技术以及测量方法，进而实现数据的全生命周期的质量保证以及溯源能力。

计量的数字化简单来讲即以数字化的方式传递测量信任和量值统一，其基本要求就是在数字化的场景下也要保证计量的一致性、准确性、稳定性及可测试性。由于计量数字化以后，能够观测到的客观现象转化为数字世界中的量化数据或以二进制方式表示的非量化数据，所以实质上计量数字化需要保证的是计量数据的统一与溯源和对相关算法以及传输方式的信心与信任。为此，计量数字化需要采取多项措施来确保计量数据的质量问题，如为验证算法制定合适的数字标准、制定数字校准证书的通用语言标准、保证数字质量基础设施的可靠性等，这些都会影响到计量数据的采集与使用。因此，计量数字化可以有效提高计量数据质量，为计量数据全生命周期的质量可靠与可追溯提供基础保障。

三、计量大数据成为促进计量数字化的关键技术

数字化是从物理世界出发，通过对数字技术的深入应用，以信息化建设为主要手段，构建一个全联结、全感知、全智能的数字世界，从而优化物理世界的过程，其中包含对传统管理模式、业务模式、商业模式的重塑与创新，是信息社会发展的必然要求。数据作为将物理世界信息全面映射到数字世界的表现，是数字化转型的关键驱动要素，数据不断积累产生的大数据作为数据发挥应用价值的核心技术之一，也是促进数字化转型的关键技术。通过挖掘大数据的价值，可以在多个层面有效提升生产、管理与服务效率，推动数字化转型发展。同样，在计量领域，计量活动大数据化后会形成计量大数据，也是推进计量数字化的关键技术。计量大数据在计量数字化转型的过程中可以起到多方面的作用。

（一）为计量数字化发展提供升维视角

数据是对事物进行观察的结果，是对客观事物的逻辑归纳。通过某一视角观察事物，获得一个维度的数据，而对于复杂的事物，可以采用多个角度进行观察，从而获得多个维度的数据，通过分析观察所获得的数据从而提升对事物的认知。比如，企业通过分析其成本与收入了解企业经营情况，更进一步地，如果企业获取到同行业其他企业的成本、收入数据或掌握了行业评价经营数据，那就可以对企业自身的经营情况有更加全面完整的认知，以更好地指导企业经营策略的执行。

计量行业目前已经形成了大量的计量数据，包括各类标准参考数据、计量设备数据、计量基标准数据、计量科研数据等。但数据量的单一叠加，仍属于数据聚合的范畴，数据聚合强调在同一维度上丰富数据，对数据价值的提升是线性的，要想挖掘数据背后更深层次的价值，往往需要从升维的视角对数据进行整合处理。数据升维要求在将旧有的不同维度整合起来的基础上寻找新视角，比如，企业在成本与收入的维度上新增企业员工的工作行为、市场环境等维度，就有可能在分析企业经营状况的同时，挖掘其背后的原因并进行预测与分析。随着分析工具、分析模型与技术手段的不断进步，计量大数据必然会逐步将更多维度的计量数据纳入自身的大数据体系内，从而为计量行业数字化发展提供升维的视角，实现计量数据价值的增值。

（二）为计量数字化服务提供技术基础

计量数字化要求计量活动从离线计量向在线计量转变，从单参数计量向综合参数计量转变，从单一计量器具计量向产品终端计量转变，从事后计量向产品研发、设计、生产、报废全生命周期计量转变。要实现远程、在线的计量，必然离不开大数据技术的支持。

远程计量是指在远离待计量或待校准计量器具或系统的情况下，能够通过物联网或者互联网实现计量或校准目的的一种计量服务。远程计量在计量过程中需要实时采集计量器具或系统上的相关数据，通过大数据技术的处理和分析，依据相应的计量标准，实现对计量器具或系统的实时监测，并能够及时报告异常情况。借助大数据技术，远程计量可用于对单组或多组仪表和电磁环境设备进行数据的实时监测，并提供远程计量服务。

在线计量指在计量或校准现场对不可拆卸的或拆卸成本较高的计量器具基于生产线环境所进行的计量或校准服务。在线计量可以实时采集能够表征计量器具正常运转的相关参数，借助大数据技术计量与分析各个参数数据的情况，进而实现对计量器具的计量和校准。在线计量可用于计量生产线不可拆卸的仪器或系统，如牛奶无菌塑封生产线、智能汽车加工生产线等。

（三）为计量行业从数字化向智能化迈进做好准备

智能化作为数字化的自然延伸，是数字化发展的高级阶段，其核心在于机器替代人进行决策，依赖人工智能技术的发展与应用。大数据实际上就是人工智能发展的基础，在人工智能发展的过程中，大数据起到了极为重要的作用。从数字化向智能化发展的核心逻辑来讲，数据统计到机器学习、感知智能到认知智能的发展，要实现数字化向智能化的跃进，数字化场景的重建是基础之一。

计量数字化要求将物理世界的传统计量场景在数字世界进行数字化场景重建，实现计量标准装置、校准检定计量操作、校准证书与测试报告、计量规范规程的数字化。一方面需要从多维度进行对象的数据刻画；另一方面是基于模型对象的重建。大数据不断提供更多维度的数据支持，不断进行模型的迭代重建，实现对对象的认知跨越。数字孪生技术可以简单地被看作数字场景重建的雏形。因此，计量大数据的不断发展，有助于计量数据维度的积累，方便构建计量数据闭环，为智能技术发展提供数据驱动训练，为计量行业从数字化向智能化迈进打下基础。

第四章　国际计量数字化行动

一、国际计量委员会的数字化框架

国际计量委员会（International Committee of Weights and Measures，CIPM）专门组建了数字国际单位制工作组，其主要目标在于推进数字国际单位制工作。该工作需要让数据满足可发现、可获取、可互用、可复用的“四可”原则，以此为原则建设一个统一可靠的数字框架，并让设备可以识别这些数字国际单位制规范。框架建设后，应能使大量的信息通过数字的形式进行统一规范的表示，覆盖测量的过程、结果以及相关联的数据、模型等。数字框架使设备能够有效读取数据集，保障数据集的溯源性、可靠性及适用性，并能够结合人工智能、机器学习等手段进行知识库更新。

数字国际单位制框架的短期目标为：一是构建可以实现量值和国际单位制单位的互操作数据和元数据模型；二是完成国际单位制手册、国际计量基础和通用术语等相关参考文件的数字化表示；三是建设开放性的节点，并周期性对节点进行维护，如建设关键比对数据库、检验医学溯源联合委

员会数据库等；四是建设数字校准证书体系。

数字国际单位制框架的长期目标为：一是对计量的测量程序、测量流程、测量方法、数据来源及溯源体系进行数字化表示，特别是在关键比对以及实验室比对这两个方面的数字化表示，并使设备能够在没有人工干预监督的情况下就能对上述内容进行管理；二是在赛博物理系统（Cyber-Physical Systems，CPS）中引入国际单位制数字框架。国际计量委员会围绕国际单位制，以数据、工具和服务为主要媒介，在不同领域研究开发其数字化应用。最终依托国际单位制数字框架实现数字世界的建设。

二、国际计量技术联合会计量数字化研究

国际计量技术联合会（International Measurement Confederation，IMEKO）于2021年3月9日召开了技术委员会TC6-Digitalization。该技术委员会的目标是开发、组织和传播与科学、工业和社会的数字化和数字化转型相关的测量科学基本概念，其以各种形式促进与测量方法和测量结果的数字化相关的知识的积累和管理，最终目标是提供完善的知识体系，以支持计量的数字化转型。

目前其研究领域主要包括：

一是计量信息的数字表示和使用，包括物理量和测量单位的数字表示；测量误差、不确定度和模型的数字表示；测量秤类型和相关数据的数字表示；物理量计算；信息检索和知识表示（语义学、本体论等）。

二是质量基础设施的数字化转型，包括法律计量和质量基础设施的数字化；用于算法和软件质量评估和验证的计量；数字校准、测试和检验证书；远程监控和远程校准的原理和技术；用于实验室间比较和能力测试的

数字基础设施和技术。

三是溯源中的数字化转型，包括计量可追溯性的数字化表示；数字阴影、数字模型和数字孪生体中的计量可追溯性；物联网中的计量可追溯性。

四是计量的数字化转型和工业界、科学界中的数字技术，包括 FAIR 原则在测量数据（元数据、数据质量等）中的应用以及计量学对 FAIR 数据的作用；自主数字测量系统中的决策；机器学习和人工智能的基础设施和应用；工业 4.0 计量；数字传感器网络和系统计量；网络安全和网络通信；用于增材制造的数字化计量；计量应用中的增强现实和虚拟现实。

三、德国联邦物理技术研究院数字化战略

德国联邦物理技术研究院（Physikalisch－Technische Bundesanstalt，PTB）早在 2017 年就发布了他们的数字化战略报告，其中强调了数字化对计量服务领域的重要意义，以及如何支撑工业 4.0 的发展。PTB 计量数字化战略的核心离不开数字校准证书（Digital Calibration Certificates，DCC）的支撑。相较于过去使用纸质校准证书，DDC 具备更好的溯源性、通用性、安全性与机器可读性，是未来数字化发展中进行数字校准不可或缺的基础。

PTB 关于计量数字化的战略主要有五个基本目标：

一是在数字化时代确保计量的一致性和可靠性。数字化时代，计量数字化的基本任务在于保证计量的一致性和准确性。同时，这也是计量数字化过程的难点，如如何确保数字质量基础设施可靠性、为验证算法制定合适的数字标准、DCC 通用语言标准的制定、真实测量和虚拟测量的可比性等。

二是相适应的数字化技术研究。数字化发展离不开数字化技术的支撑，

需要开发与计量数字化相适应的数字化技术，如电子档案技术、先进的中央 IT 服务以及为法定计量过程开发计量云。

三是确保研究结果和数据的持续可用性。计量数字化必然是以数据要素为核心驱动，数据是可靠的，且数据能够持续性获取。确保数据的持续可用性也是 PTB 在计量数字化转型中需要重点关注的目标。

四是构建测量仪器和测量数据的整体处理方法。PTB 需要进行法制计量和工业计量相一致的数字化转型：在数字化过程中考虑测量仪器的整个生命周期，并在数据采集阶段力求获取可靠测量值。

五是鼓励所有计量相关人员积极参与数字化进程。PTB 制定了一系列措施，包括研究数字化创新的激励模式、提供广泛的培训和学习机会、构建创新的协同设计和参与形式。

以数字化战略为基础，2018 年 6 月，PTB 和欧洲的其他合作机构共同发起了欧洲计量云项目，该项目主要内容是提供相应的仪器设备以及计量数字化服务，作为建设欧洲数字质量基础设施的一部分。

四、英国国家物理实验室计量技术研究

英国国家物理实验室（National Physical Laboratory，NPL）于 2020 年年末发布了到 2030 年计量技术发展方向报告。报告中提出，到 2030 年，计量领域会有三大重点发展方向：①将发展全球数字化计量基础设施，对 SI 的可追溯性将直接嵌入测量仪器中，从而缩短溯源链，降低测量不确定度；②计量将提高我们对复杂系统的理解，通过建立多模态、多尺度的数据质量框架来开发大型的复杂系统模型，以系统思维理解世界；③计量将为决策制定提供信心。未来，基于机器学习算法及人工智能所做出的决

策，将以动态传播的测量不确定度为衡量标准，以高测量灵敏度、安全无缝的数据共享、强大的计算能力以及完善的计量框架来更好地支持决策制定。

NPL具体展示了计量在六个示例行业的数字化发展趋势：

一是建筑环境行业，嵌入式的数字互联传感器将收集实时信息，并预测基础设施的需求、使用和状况；无线技术和量子密码技术将促进安全数据共享。

二是能源行业，能源网络建模和仿真将受益于计算能力的提高；低功耗无线设备和传感器将成为现实。

三是食品生产行业，通过机器学习和人工智能技术，对粮食生产进行监测；通过智能包装和智能标签及过敏源检测技术实现食品成分和过敏源的可追溯性；个体食品和营养需求的确定将受益于基因检测的进步以及对生物系统的理解和建模。

四是医疗健康行业，先进的无线传感器、可溯源测量技术及数据量化分析技术，将保证新型生物电子设备对健康状态的全方位监测。

五是工业生产行业，整个供应链和制造链的连续测量，将通过先进的成像、传感器和监控实现；数字校准证书与数字/机器可读标准的结合，使虚拟检定和校准成为可能；通过性能模型动态传播测量不确定度，使数字产品的检定成为可能。

六是运输行业，可溯源的环境数据将影响客户的选择；先进、稳定的传感器能实现对安全关键部件的性能监控；而对复杂系统的分析，将使智能交通系统和基础设施成为可能。

总的来说，NPL将健康、企业发展和可持续性作为推动计量数字化转型的三个关键因素，并重点强调AI和机器学习在计量数字化转型中的重要作用。数字计量是典型的数据密集型领域，搭建可靠的数据采集、管理和分析框架是数字计量发展的重点所在。

五、美国国家标准与技术研究院计量数字化研究

美国国家标准与技术研究院（National Institute of Standards and Technology，NIST）近年来在计量数字化领域的进展主要体现在 AI 技术以及机器学习算法的应用。例如，借助深度学习算法可以极大地缩短医疗检测时间，提高疾病检出率；在生产中能够提升合格评定效率。另外，计量数字化工作需要高质量计量数据的支持，而美国拥有坚实的数据基础，早在 1968 年，美国就已经制定了《标准参考数据法》，用于对标准参考数据的法律管理，NIST 也在此基础上建设了标准参考数据库。

美国国家质量保证委员会（The National Committee for Quality Assurance，NCQA）也开始构建数字质量系统，以促进医疗质量的提升和价值数据的收集、解释和使用。系统特别需要数据的存储、测量和共享方面的发展，如利用标准化数据结构来组织和存储临床数据，创建新的数字医疗语言标准如临床质量语言来将质量测量逻辑标准化，并开发新的数据共享协议。

美国医疗保险和医疗补助服务中心（Centers for Medicare & Medicaid Services，CMS）也声明，在 2030 年前，所有的质量测量均以数字化报告的形式呈现，从而使质量测量更高效、透明，并具有良好的可比性和一致性，以消除医疗保健发展的关键障碍。

六、中国计量科学研究院数字计量研究

中国计量科学研究院（National Institute of Metrology，China，NIM）提出数字计量包括传统计量的数字化和数字世界中的计量。

（一）传统计量的数字化

1. 基于区块链技术的电子原始记录

电子原始记录是计量检定、校准、检测和测试过程中经采集和处理而获得的数据，是各类证书和报告的客观依据。基于区块链技术的电子原始记录应用和发展逐步成为主流趋势。区块链技术不但是电子原始记录的真实性、一致性和不可篡改性的重要保障，也是原始记录电子化、数字化的有效途径之一。

2. 测量不确定度在线评定云平台

测量不确定度在线评定云平台是基于 GUM 和蒙特卡洛算法，向实验室、工厂、科研机构和公司提供测量不确定度在线评定服务的技术平台。服务包括：个性化快速定制测量不确定度、在线评定计算、企事业网站表示层嵌入、实验室管理系统调用等。

3. 基于大数据技术的远程计量

基于大数据技术的远程计量是指在远离待检测或待校准计量器具或系统的情况下，能够通过物联网或者互联网实现检测或校准目的的一种计量服务。这部分建设主要参考借鉴 PTB 牵头的由欧洲计量联合研究计划资助的计算密集型计量溯源项目开发远程计量平台。

4. 基于大数据技术的在线计量

在线计量是指在检测或校准现场对不可拆卸的或者拆卸成本较高的计量器具基于生产线环境所进行的检测或校准服务。由于计量器具的不可拆卸性或拆卸成本较高，在线计量可以实时采集能够表征计量器具正常运转的相关参数（如压力、温度、湿度等示值），并对数据进行监测和分析。通过大数据技术来分析各个参数数据的情况，进而实现对计量器具的检测和校准。

5. 计量软件测评

计量软件测评主要评估计量软件的可信度，即软件自身保障计量量值准确性和一致性的程度。

6. 计量计算

由于现代计算机计算精度的限制，通过计算机进行的大型或者复杂的运算结果并不准确。计量计算就是通过数字计量技术来实现高精度计算的一种算法服务。比如，大量高精度随机数生成、高精度均值和方差的计算，以及利用边缘计算技术进行长时间高精度的复杂计量计算等。

7. 计量计算可视化

计量计算可视化工具有 Geogebra 等软件，计算可视化可以应用到含有计量计算过程的各个领域。比如，对测量不确定度计算的可视化、化学中量和能量关系计算的可视化等。

8. 人机料法环的数字化图谱

基于数字孪生和区块链技术，实现计量机构、人员、基标准、规程规范和实验环境的数字化图谱，形成可互联、可交换、可追溯和防篡改的全生命周期的人机料法环的数字化图谱，方便监测、统计分析和挖掘计量数据的潜在价值。

9. 智慧计量知识机器人

基于大数据挖掘技术，实现向大众提供计量知识咨询服务的功能，形成专业化、智慧化的计量机器人专家，对外自动提供各类计量问题的解决方案，提高工作效率（可参考百度 AI 开放平台的知识问答服务和银行使用的智能机器人）。

10. 人工智能计量师

人工智能计量师是指采用人工智能和数字计量技术，部分或全部替代计量师检定、校准、检验和测试工作的智慧机器人。

11. 计量管理云平台

依托大数据、云计算、人工智能等信息技术，构建计量管理云平台。该平台可以实现计量流程信息或数据的获取、分析、报告和管理等功能，以及实现流程管理服务，包括存储和管理流程数据、法律法规等，如可以实现类似钉钉模式的计量管理软件。

12. 计量数据分析

计量数据包括计量检测数据、计量校准数据、科研数据等。计量数据分析是指对这些类别的海量数据采用大数据分析的方法进行处理分析，挖掘数据价值并揭示计量规律。

13. 常用的大数据分析方法

包括预测型分析、聚类分析、主成分分析、回归分析、指令型分析等。

14. 计量数据可视化

计量数据可视化，即在时间、空间和计量属性层面的可视化，可以应用到与计量数据相关的很多领域中，对计量检测数据、计量校准数据、科研数据等都可进行数据可视化展示。常用的数据可视化工具有：阿帕奇中的 Echarts、大数据魔镜等。数据可视化的展现形式有很多种。

15. 计量咨询报告

计量咨询报告是根据已有历史数据以及政府或者企业提供的计量相关数据，经过大数据技术处理和分析，自动生成咨询报告，为政策制定、产业布局、发展规划等提供决策依据。

（二）数字世界中的计量

数字国际单位制（D-SI）手册是促进便捷、安全、协调、明确的计量数据数字化传输的计量元数据格式使用指南。中文版的 D-SI 手册已由数据中心计量数据室翻译校对完成并可在 Zenodo 科研数据共享平台上下载。

1. 比特量

比特是一个二进制包含的信息量，比特量就是计算机世界中存储的比特数量，基本单位为比特（bit）。从计量角度确定计算机世界中数据实体的比特量值，数据文件的物理存在方式包括光存储介质、磁性存储介质（磁盘、磁带）、半导体类存储介质等。

2. 网络流量

网络流量主要是指在规定时间内，流经某一特定测量点的比特量大小。给定协议集可分为应用层协议集、IP 层协议集或 MAC 层协议；针对不同的协议集，网络流量又可分为应用层网络流量、IP 层网络流量或 MAC 层网络流量。

3. 网络宽带速率

宽带速率指一条链路或者网络路径在单位时间内能够传输的网络流量，可分为应用层宽带速率、网络层宽带速率、MAC 层宽带速率。

4. 算法溯源

工业计量领域、校准实验室和计量研究机构均需要一致的计算溯源框架以对计量软件进行溯源。计量软件溯源主要是对其算法进行溯源，并与其特定的计算目标相关联。

5. 数字音频

数字音频是指先将音频转化成电信号，再将电信号转化为数字信号保存。数字音频与计量领域相关的研究方向有：声源特征识别、空间几何量及声纹语意等。例如，汽车鸣笛抓拍、旋叶式汽车空调压缩机噪声声源识别（空气动力性噪声/机械噪声）、声纳探测、声纹识别以及语意识别等。

6. 数字图像

数字图像类似于数字音频，是将一般的图像信号转化成数字信号而存储的数字文件。

7. 数字图像与计量

数字图像与计量领域相关的研究方向有：文字识别、人脸识别、数字地图距离、空间几何量以及温度识别等，具体器具如智能出租车计价器、滴滴打车等。

8. 数字视频

数字视频与计量领域相关的研究方向有：姿态跟踪测量、空间几何量、动态目标识别等。

9. 数字资产

数字资产与计量领域相关的研究方向有：数字资产应用软件的测评、贸易结算中的量值问题、未来现金流量的现值等。

10. 虚拟模块和虚拟仪表

虚拟模块或虚拟仪表是指利用计算机技术和现代检测技术与仪表模块或仪表相结合而产生的新的模块或仪表。虚拟模块是虚拟仪表的构成部分。虚拟仪表系统是借助各类信息化软件实现计算机控制仪表。虚拟模块和虚拟仪表与计量领域相关的研究方向有：应用软件的软件测评、算法溯源、远程计量以及计量中的量值问题等。

11. 响应时间、并发数与吞吐率

响应时间指应用执行一个操作所用的时间，包括从发出请求到最后收到响应所需要的时间。并发数是指同一个时间点，同时请求服务的客户数量（所有人都可以正常获得服务）。吞吐率一般是指服务器处理请求的效率。吞吐率越高代表服务处理效率越高，网站的性能越高。

响应时间、并发数与吞吐率都与计量领域中的量值问题相关。

12. 连接数

连接数是指连接的客户端的个数。当一个客户端需要访问网络时就需要占用一个连接数。在部分情况下，一个客户端也可能占用多个连接数，因此连接数不能和在线数画等号。连接数与计量领域中的量值问题有关。

13. 算力

算力对云计算、大数据、人工智能领域有着显著的影响，尤其是在不同操作系统、不同存储架构、不同计算架构和不同网络架构下其影响更为突出。因此，对大数据中心的基础算力、有效算力、空载算力和算力的比特能效进行准确可靠的计量是评估大数据中心能力、实际利用率、投入产出比的关键指标。

14. 比特能效

比特能效是指信息领域网络性能及能效，其与计量领域相关的研究方向有网络流量测量、宽带速率测量、网络设备能效测量、云计算环境下存储能力测量以及其他量值问题等。

15. 点击量和转发量

点击量和转发量与计量领域相关的研究方向包括与网络点击量和转发量相关的量值问题以及涉及贸易结算中的量值问题等。

第五章　能源计量与产业计量的发展现状及实践案例

能源计量大数据的核心思想在于将石油、天然气、煤炭等传统能源以及风能、太阳能、水能等新兴能源领域的计量数据进行采集、整合、处理、挖掘、分析与应用，以推动能源行业的健康持久发展。能源计量大数据既能将大数据的有关技术应用在能源计量领域，又能将大数据分析的理念融入能源生产、制造、消费等全过程，有效推动能源产业生产模式、管理模式、商业模式创新。产业计量作为确保能源安全和提高能效的关键技术手段，在煤电产业中扮演着至关重要的角色。当前，随着全球能源结构的转型和环境保护要求的提高，煤电产业正面临着节能减排和清洁高效利用的双重挑战。在此背景下，发展煤电产业计量显得尤为必要，不仅关系到产业的可持续发展，也是响应国家能源战略、推动产业升级的重要途径。目前，我国能源计量大数据建设、计量数字化在产业计量方面的应用均处于早期阶段，能源计量的重点核心工作仍停留在数据采集层面，需要在全国范围内的重点用能单位中建设能源监测系统，产业计量主要是要建设国家煤电产业计量测试中心，促进其基本产业计量服务能力发展，本章主要围绕重点用能单位能耗在线监测平台建设、国家煤电产业计量测试中心建设工作开展情况进行说明。

一、能源计量的发展现状及实践案例

（一）能源计量大数据发展的政策背景

万家企业能源消费量占全国能源消费总量的 60%以上，是节能工作的重点对象。为了强化重点用能单位的节能管理，在总结千家企业节能行动经验的基础上，2011 年底，国家发展改革委、教育部、工业和信息化部等 12 个部委联合发布《万家企业节能低碳行动实施方案》（以下简称《方案》），在全国开展万家企业节能低碳行动，提出要建立万家企业能源利用状况在线监测系统。《方案》把年综合能源消费量 1 万吨标准煤以上以及有关部门指定的年综合能源消费量 5000 吨标准煤以上的约 17000 家重点用能单位纳入行动范畴。重点用能单位能耗在线监测项目建设，是全国节能领域的一项重点工作。党中央、国务院多次对系统建设提出了明确要求。2012 年 8 月，国务院发布《节能减排“十二五”规划》，要求开展重点用能单位能源消耗在线监测体系试点建设。

2013 年 2 月，国家发展改革委办公厅印发了《关于开展重点用能单位能耗在线监测试点工作的通知》（发改办环资〔2013〕330 号），正式启动重点用能单位能耗在线监测系统建设工作。国家节能中心为试点项目建设单位，负责试点工作的具体组织实施。

2014 年底，试点建设全面完成，搭建了包括国家和地区（如河南、北京、陕西）的能耗在线监测平台，实时接入三个试点地区电力、钢铁、石油石化行业 184 家重点用能单位能源消费的相关数据。初步实现地区行业用能监测、能源消费趋势分析、行业能效对标、碳排放趋势分析、企业服务、公众服务等功能。

2015 年 1 月，工业和信息化部在《关于全国工业节能监测分析平台建设的通知》中提出："各级节能减排监测系统既是政府实施节能管理、制定调整宏观政策的依据，也是用能企业交流信息、对标达标的服务平台，对工业节能减排工作意义重大。为进一步加强工业能源消费监测分析，提高工业能源利用状况预测预警能力，推动信息化和工业化深度融合，经研究，决定加快推进全国工业节能监测分析平台建设。"

2015 年 4 月，中共中央、国务院印发《加快推进生态文明建设的意见》，要求加快重点用能单位能源消耗在线监测体系建设。2015 年 7 月，国务院印发《关于积极推进数字化运营行动的指导意见》，要求加强重点用能单位能耗在线监测和大数据分析。

2016 年 3 月发布的《中华人民共和国国民经济和社会发展第十三个五年规划纲要》进一步要求推动能耗在线监测系统建设。2016 年 4 月，工业和信息化部公布了《工业节能管理办法》，该办法明确提出加强对重点用能工业企业的节能管理。

2017 年 9 月，国家发改委联合国家质检总局共同印发《重点用能单位能耗在线监测系统推广建设工作方案》（发改环资〔2017〕1711 号），要求各地方加快建设重点用能单位能耗在线监测系统，健全能源计量体系，加强能源消费总量和强度"双控"形式分析和预测预警，推动完成"双控"目标任务。

2017 年 11 月，国家发展改革委印发《关于开展重点用能单位"百千万"行动有关事项的通知》（发改环资〔2017〕1909 号），对重点用能单位开展"双控"目标责任评价考核的情况纳入省级人民政府能源消耗总量和强度"双控"考核体系。对未完成"双控"目标任务的重点用能单位暂停审批或核准新建扩建高耗能项目。

2018 年 2 月，国家发展改革委等部门发布《重点用能单位节能管理办法》。2019年4月，国家发展改革委、市场监督管理总局印发《关于加快推进重点用能单位能耗在线监测系统建设的通知》（发改办环资〔2019〕424号），明确纳入能耗在线监测范围的重点用能单位名单，大力推进接入端系统建设，确保2020年底前，完成本地区全部重点用能单位的接入端系统建设，并实现数据每日上传。

（二）能源计量大数据发展平台技术架构

重点用能单位能耗在线监测系统主要采用三级结构，从重点用能单位到省级再到国家级，可以满足不同层级的用户服务需求（见图5-1）。主要结构包括：一是国家平台，一般是指国家数据中心，设立在国家节能主管部门，用于接收、存储、汇总、分析全国重点用能单位能源相关数据，为相关政府部门、用能单位、社会公众与机构提供数据应用服务。二是省级平台，是部署在省（区、市）的相关部门，接收、存储、汇总、分析本地区内重点用能单位能耗在线监测数据，为本地相关政府部门、用能单位提供应用服务。三是重点用能单位接入端系统，是对企业能源转换、输配、利用和回收实施动态监测和管理的信息系统。端设备放置在重点用能单位，用于采集、分析、汇总用能单位能耗数据并将数据上传到系统平台的设备。

根据《重点用能单位能耗在线监测系统推广建设工作方案》的要求，重点用能单位接入端系统部署在重点用能单位内部，由重点用能单位负责建设。端设备主要通过计量仪表、工控系统等采集、汇总本单位能耗数据，将数据上传至省级平台，或直接上传至国家平台；重点用能单位接入端系统要通过网闸、防火墙、隔离等安全措施，确保内部系统安全和数据安全；要具备远程升级维保、一端多传、接收国家和省级平台推送信息及用能单位自身能源管理所需的功能。

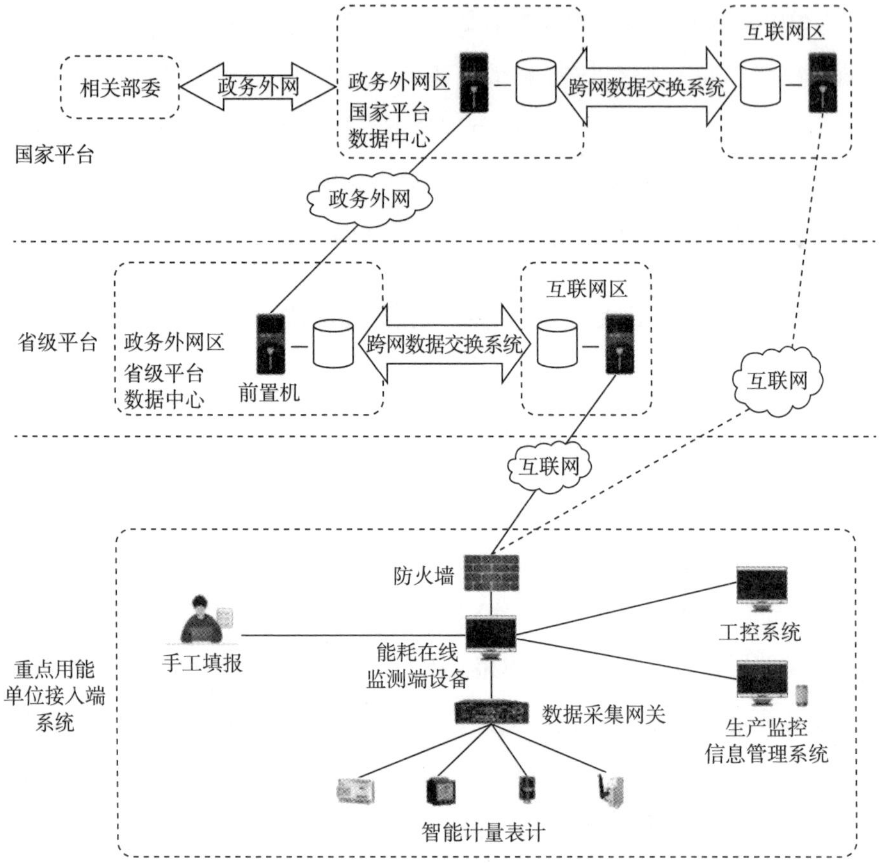

图 5-1　重点用能单位能耗在线监测系统整体结构

（三）能源计量大数据挖掘与关键技术

全国不同地区能耗在线监测平台经过几年的运行，已经积累了海量的能耗数据，数据挖掘能够有效助力节能减排任务的达成。通过构建多领域融合、多任务处理的大数据分析机制，挖掘能耗数据价值，建立能源消费量在线监测指标体系及确定计算方法，可以实现对能耗数据的综合分析、评价和预测。

1. 能耗数据处理

“节能减排”是贯彻落实科学发展观，统筹经济、社会与环境协调发展的必然要求，开展高污染、高耗能、资源型行业的“节能减排”工作，是促进国民经济与社会可持续发展的一项长期战略部署。聚焦探讨能耗在线监测平台大数据挖掘关键技术，以期助力政府节能减排科学决策，服务企业能耗管理做出更大的贡献。能耗数据处理主要是开展能源消耗数据特性研究、进行能源消耗数据清洗、深度学习算法选择、构建能效数据挖掘理论模型、深度学习技术建模实现等。

（1）能源消耗数据特性。

以水、电、煤、天然气、人工煤气、液化石油气、汽油、柴油等能源类型为主，结合用能单位的地理位置、企业性质、企业规模、企业产出、计量设备等数据，对国家城市能源计量中心能耗数据在线监测平台已采集数据的有效性、准确性、完整性、一致性、计量单位的正确性、标准煤系数的可靠性、不同数据之间的相关性、高维低密度等特性开展研究，初步为清洗能源消耗数据奠定基础。

（2）能源消耗数据清洗。

由于具有高维、低密度的特性，能耗数据必须经过清洗才能保证数据格式的一致性、正确性、无重复、无 NULL 值等可能导致挖掘失效的数据。采用 ETL 工具和分布式并行处理框架来实现能耗数据的清洗。主要针对不同质量的能耗数据采用统计学方法、聚类、分类、基于距离的方法、关联规则等方法进行分类清洗，从而清洗普遍存在的空缺值、噪声值和不一致数据。数据清洗过程采用可视化技术，从而实现有效的展示和交互，用于提高数据错误识别和清理的效率，这种透明化的清洗过程，有助于故障、错误发生时的自我诊断与排查。清洗后的能耗数据在汇聚多个维度、多个来源、多种结构的数据之后，就可以对数据进行抽取、转换、集成加载，从而为大数据挖掘奠定基础。

（3）深度学习算法。

深度学习是机器学习研究中的一个新领域，在处理大数据方面很有优势，可以通过大量数据训练学习，提取数据底层特征形成更加抽象的高层特征，形成一定类型的模型，对其他数据进行预测。目前，深度学习在计算机视觉、语音识别和自然语言处理等领域都有广泛应用。采用深度学习算法的理论，并基于模式识别、图像识别、复杂动力系统模拟等应用领域，学习并选择能够与能耗数据挖掘目的相匹配的深度学习算法。

（4）能效数据挖掘理论模型。

常规的能源数据分析方法一般通过拟合用能单位往期能源消耗规律，来达到分析未来能源消耗数据的目的，为了提高分析的准确性，在分析模型的选择上往往是利用两种或者多种分析模型的组合，而很少采用单一分析模型。传统的分析模型是基于残差分析模型，首先使用一个线性分析模型对原始数据序列进行分析得到一个线性分析分量，其次使用原始数据减去线性分析分量得到一个残差序列，再次使用非线性分析模型分析残差序列得到残差分析序列，最后将线性分析分量与残差分析分量相加得到最终的分析分量。由于这种传统分析模型在构建模型时，没有分析数据特性而是直接用真实数据减去线性模型的分析数据从而分解出非线性分量，在实际使用场景中具有一定的局限性。

针对传统混合模型的缺点，基于几种常用的时序分析算法模型，使用一种新模型来完成对能源消耗数据的分析。其主要思想是使用经验模态分解（Empirical Mode Decomposition，EMD）原始数据，得到多个数据分量，通过分析各数据分量特性，针对不同的分量使用与其相对应的模型进行分析。

（5）深度学习技术建模实现。

基于清洗后的能耗数据和能效数据挖掘理论模型，采用 Java 或 Python 等软件技术，选择合适的深度学习算法进行模型训练，并验证模型的有

效性。

2. 数据挖掘关键技术

（1）能源消费量在线监测指标体系及计算方法。

能源消费量在线监测系统由用能单位负责能源计量工作，用仪表测量实时能源消费量数据，通过安装在用能单位的数据集中采集终端进行汇总后，不同地区、不同行业、不同企业按照制定好的传输协议，通过网络向能源数据中心上传其能源消费量数据。能源消费量在线监测架构如图 5-2 所示。

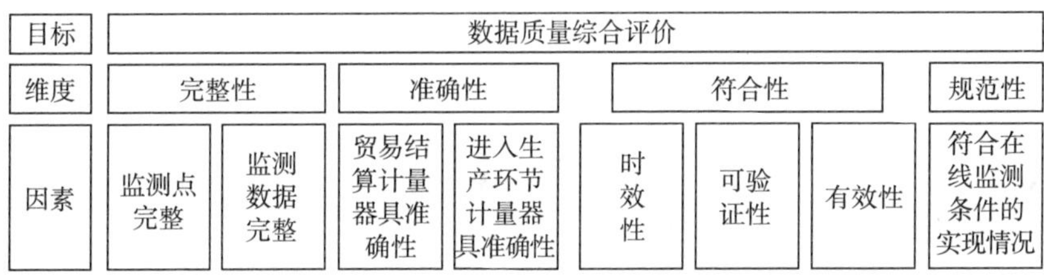

图 5-2　能源消费量在线监测架构

（2）大数据云计算节点的合理分布。

针对分布式异构系统资源性能的变化引起的系统负载不平衡现象，设计一种基于虚拟网络映射有效的任务处理方法，如贝叶斯算法、强化学习等，减少额外的计算和能量消耗，以实现高资源利用率、低带宽成本和低能耗的大规模任务高效并行执行。针对大规模事务数据高效处理的两阶段任务部署如图 5-3 所示。

（3）不规则特征数据的预处理。

1）数据离散化。面对海量的待处理数据和非结构化数据，针对部分数据存在连续属性值的问题，研究数据离散化来减少给定连续属性值，简化数据结构。

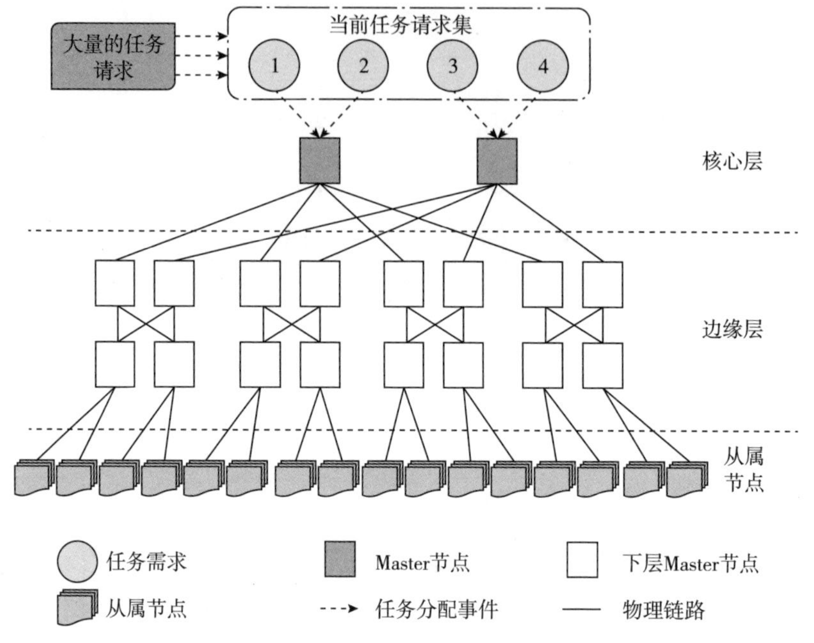

图 5-3　大数据环境拓扑结构

2）缺失填补。针对数据存在缺失值的问题，在数据处理过程中，无法避免地会丢失一定的数据点，而一旦一些关键部分缺失，整个数据就会失去作用，没有存在价值，同时也会影响数据挖掘结果，因此，需要进行缺失值填补。

3）数据标准化。针对不同单位或量级指标的比较评价问题，需要进行数据标准化。考虑到使用的数据集中特征值均为正值，所以使用简化后的转换函数来对每个分量进行归一化处理，从而消除特征空间因值域差异造成的特征值选择误差。

4）数据约简。综合能源消耗数据规模较大，若都用于数据挖掘分析中，工作量将是巨大的，因此，需要对其进行约简，在减少数据量的同时，不破坏原有数据的完整性，只减少与研究目的不相关的冗余数据。数据预处理的算法如图 5-4 所示。

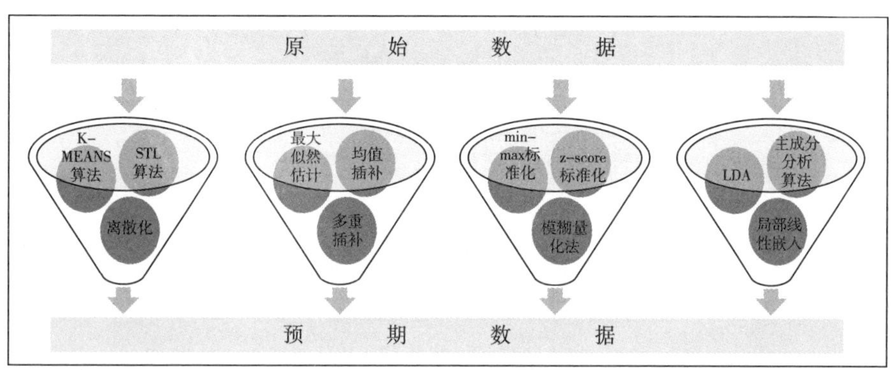

图 5-4　数据预处理算法

（4）不同的人工智能方法对能耗数据的分析能力。

一是针对分析寻找给定数据集中数据项之间隐藏的关联关系问题，利用如 Apriori 算法和 K-means 算法等因子分析法和关联性分析法描述数据之间的密切程度、发现大量数据中项集之间的关联规则或者相关关系，更迅速、准确地找出有价值的规则，提高关联规则的可理解性。

二是针对传统数据挖掘方法在处理大数据方面能力有限的问题，使用如 CNN、RNN 等鲁棒性高、学习能力强且拥有强大的表征能力和非线性建模能力的机器学习框架，深入挖掘能源消耗大数据与目标问题的关联性，建立更精确的智能学习模型。

三是针对不同的自学习算法处理不同特征数据的分析效率和准确性问题，探究不同的网络架构对于能耗数据的适用性。对于不同机器学习模型和模型的组合使用如图 5-5 所示。

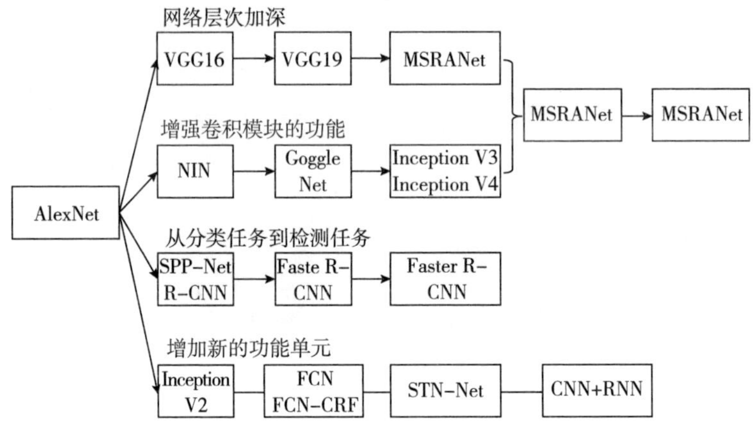

图 5-5　不同机器学习模型组合使用

（5）数据挖掘和机器学习模型分析后的节能减排决策。

针对如何利用模型分析和数据挖掘，节能减排的结果为节能减排提供数据支撑问题，研究预警预测、分析评价、模拟规划、分析决策等功能的实现，通过多样化的结果展示，从而在实际中起到决策支持的作用，为政府的决策提供依据。能耗大数据挖掘与节能减排应用研究框架如图 5-6 所示。

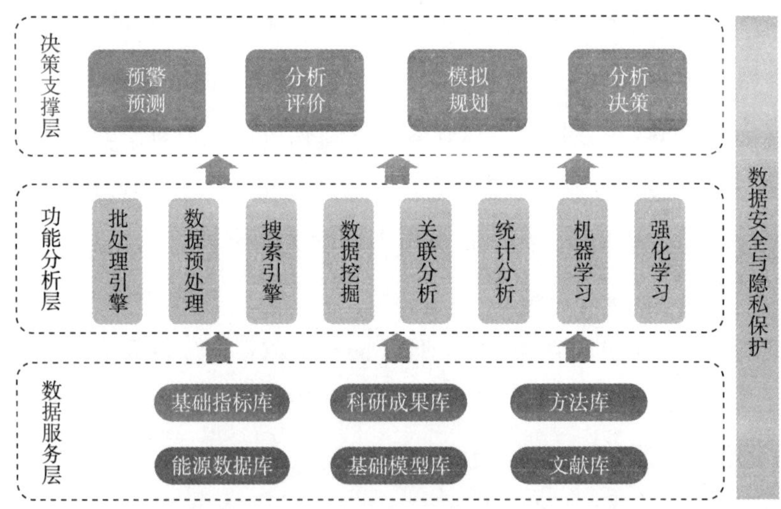

图 5-6　能耗大数据分析应用研究框架

基于国家城市能源计量中心能耗数据在线监测平台已收集的高维、低密度特征的大数据，采用以深度学习为主的大数据分析技术，对不同行业、地区的能源利用效率、节能潜力、供给侧和需求侧的能源供需情况开展大数据建模研究，建立多领域融合、多任务处理的大数据分析机制，挖掘能耗数据价值，制定能源消费量在线检测指标体系及计算方法，实现对能耗数据的综合分析、评价和预测，找出区域节能减排的关键点，为区域节能减排工作部署、产业链的形成等政策制定提供有效的数据依据。

（四）能源计量大数据发展平台建设实例

1. 平台建设背景

“开展能源计量数据采集、监测”是国家城市能源计量中心的主要任务之一，建立“自治区重点用能单位能源计量数据采集信息平台”暨“新疆能耗数据在线监测平台”是履行这一职能最有效的技术手段，也是能源中心建设的核心工作。

自2011年开始，国家城市能源计量中心（新疆）/新疆计量测试研究院承担了自治区节能减排专项资金项目“自治区重点耗能单位能源计量数据采集管理信息平台建设”暨“新疆能耗数据在线监测平台建设”。新疆维吾尔自治区质量技术监督局承担了自治区节能减排领导小组委托的每年一度的自治区重点耗能单位能源计量数据调查对标工作，委托国家城市能源计量中心（新疆）从2011年10月中旬开始策划准备、11~12月举办滚动式培训班部署安排；2011年12月至2012年1月企业自查，2012年1~3月由各地（州、市）质量技术监督局牵头，各地（州、市）发展改革委等部门配合对企业上报数据进行核查，国家城市能源计量中心（新疆）每年5~7人全程督促指导、审核分析，加快实施能耗数据在线采集联网，以尽快实现能耗数据自动实时获得，确保能耗数据分析对标的及时性和准确性，利用先进技术手段为政府节能监管提供优质高效服务。

2013 年 6 月，新疆维吾尔自治区质量技术监督局、自治区发展改革委联合签发《关于下发重点用能单位能源消耗数据在线监测管理工作实施方案》（新质监量〔2013〕60 号），实施方案提出对全疆重点用能单位的水、煤、气（汽）、电、油、热等主要能源品种及能耗计量数据进行集中在线采集、远程联网、实时监测、汇总分析、能耗对标，建立健全重点领域，有关地（州、市）能源消费预测预警机制，为各级政府加强节能监管、科学评价重点用能单位能源利用状况提供准确可靠的依据。

2014 年 10 月召开的自治区党委常委（扩大）会议上，明确了加快新疆能耗在线监测平台建设的要求，以及追加 2014 年自治区节能专项资金集中用于淘汰落后产能和能耗在线监测建设，并与各地节能目标完成情况挂钩。

2017 年 9 月，国家发展改革委、质检总局共同制定了《重点用能单位能耗在线监测系统推广建设工作方案》，要求各省（区、市）节能主管部门、质监部门要联合编制本地区监测系统建设工作方案，明确建设目标、建设内容、牵头部门、承担单位、进度安排等，报送国家发展改革委（环资司）和质检总局（计量司）。

2016 年 8 月，《新疆维吾尔自治区国民经济和社会发展第十三个五年规划纲要（2016—2020 年）》中提出要全面开展重点用能单位能源消费在线监测平台建设、能源管理体系建设和能源审计工作。

2017 年 9 月，新疆维吾尔自治区人民政府发布《关于印发新疆维吾尔自治区“十三五”节能减排工作的实施意见》（新政发〔2017〕111 号），加强高耗能行业能耗管控，在重点耗能行业全面推行能效对标；推进工业企业能源管控中心建设，推广工业智能化用能监测和诊断技术。充分发挥新疆能耗数据在线监测平台的作用，及时对全疆重点用能单位能源消费情况、节能强制性标准执行情况等进行汇总和分析。

2018 年 3 月，新疆维吾尔自治区市场监督管理局、新疆维吾尔自治区发展改革委共同向国家报送《新疆维吾尔自治区重点用能单位能耗在线监测系统建设工作方案》，工作方案要求快速有效推进“新疆能耗数据在线监测平台”主站的建设，充分发挥平台在自治区“十三五”节能减排工作中的基础性作用；推进监测系统建设，通过指导、监管、奖惩等措施，推动自治区重点用能单位建设接入端系统，并积极创新机制，保障系统持续稳定运行。

2. 平台建设基本情况

新疆在2011年开始建设“新疆重点用能单位能源计量数据采集管理信息平台”暨“新疆能耗数据在线监测平台”，由新疆维吾尔自治区市场监督管理局下属的国家城市能源计量中心（新疆）承担建设。

2011年该项目首次被新疆发展改革委正式批准为“自治区全社会节能减排专项资金能力建设项目”，累计获得补助资金2000万元。国家城市能源计量中心（新疆）在政府节能专项资金的支持下，于2012年底在新疆维吾尔自治区质监局计量基地建成了主平台并投入试运行，2013年“新疆节能公共服务平台”门户网站启用，2014年完成了19个地（州）子平台的建设，2016年在米东区质监局综合大楼的同城异址容灾备份机房建成投用。与此同时，目前已累计完成了131家重点用能企业综合能耗相关一级（关口表）能耗计量数据在线采集联网和247家企业电量消费数据联网上传。从2013年起新疆维吾尔自治区市场监督管理局下属的国家城市能源计量中心（新疆）利用平台直报系统连续多年完成了自治区发改委、自治区质量技术监督局交办的全疆重点用能企业年度能耗数据审核汇总分析、能效对标及能源计量审查等技术服务工作。2017年申报的新疆能耗数据在线监测平台建设所涉及的统计调查项目获得自治区统计局批准，成为自治区合法的能源统计报表制度之一。2020年4月，升级改造的新疆维吾尔自治区重点用能单位能耗在线监测系统成为政府监管部门能源数据来源、碳交易、节能量交易、生成区域行业数据图表及相关数据产品的唯一数据出入口平台，范围覆盖新疆十大重点耗能行业，包括石油石化、冶金、机电、化学、电力、轻工、煤炭、纺织、公用、建材等。

新疆维吾尔自治区重点用能单位能耗在线监测系统项目利用云计算、物联网、地理信息、大数据等信息化技术，依托现有硬件设施构建新疆维吾尔自治区重点用能单位能耗在线监测系统（见图 5-7），实现对重点用能单位能源消耗情况实时监控，同时对国家城市能源计量中心（新疆）的日常工作流程进行信息化改造。通过该系统，可推进计量管理工作的创新，提高主管部门行政工作效率，加强重点用能单位能源消耗监管，同时也可以增强广大人民群众的节能意识，有利于构建社会主义和谐社会。

图 5-7　新疆能耗数据在线监测平台

3. 平台建设内容

“新疆能耗数据在线监测平台”暨“新疆重点用能单位能源计量数据采集管理信息平台”，是 2010 年新疆维吾尔自治区人民政府报请国家质检总局申请依托新疆计量测试研究院设立国家城市能源计量中心（新疆）建设方案中提出的，旨在将先进的计量手段与网络信息技术相结合，解决多年来能源统计数据来源于用能单位自报，随意性大、准确性差、无法客观地反映能耗实际情况的问题，为政府客观、公正、科学地实施节能监管提供技术支撑。2011 年 1 月，国家城市能源计量中心（新疆）正式获得国家质检总局批准后，平台建设被提上了议事日程。

新疆能耗数据在线监测平台建设主要包括系统平台建设和重点用能单位接入端能耗在线监测系统建设（见图 5-8）。其中，平台建设包括机房建设、硬件环境建设、软件环境建设、网络环境建设、应用软件升级改造开发，系统应用平台在新疆维吾尔自治区质监局计量基地主平台机房搭建，硬件设备使用机房现有资源。

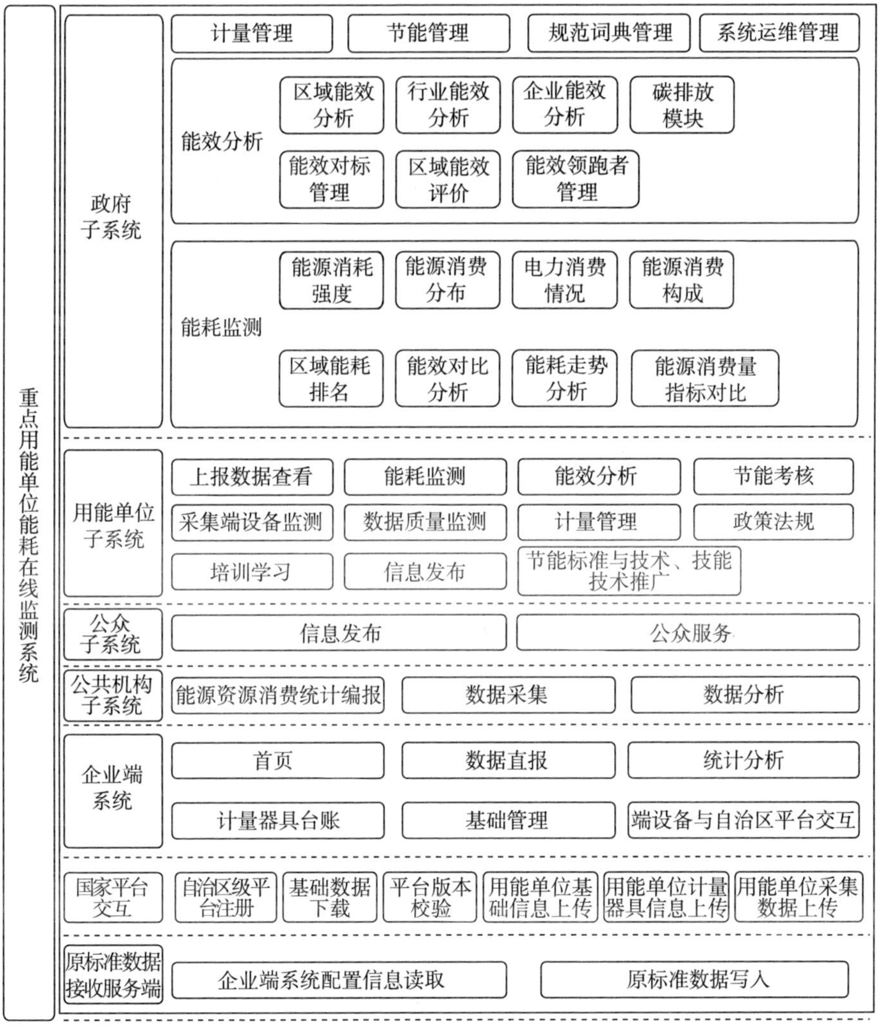

重点用能单位能耗在线监测系统

政府子系统
计量管理
节能管理
规范词典管理
系统运维管理
能效分析：区域能效分析、行业能效分析、企业能效分析、碳排放模块、能效对标管理、区域能效评价、能效领跑者管理
能耗监测：能源消耗强度、能源消费分布、电力消费情况、能源消费构成、区域能耗排名、能效对比分析、能耗走势分析、能源消费量指标对比

用能单位子系统
上报数据查看
能耗监测
能效分析
节能考核
采集端设备监测
数据质量监测
计量管理
政策法规
培训学习
信息发布
节能标准与技术、技能技术推广

公众子系统
信息发布
公众服务

公共机构子系统
能源资源消费统计编报
数据采集
数据分析

企业端系统
首页
数据直报
统计分析
计量器具台账
基础管理
端设备与自治区平台交互

国家平台交互
自治区级平台注册
基础数据下载
平台版本校验
用能单位基础信息上传
用能单位计量器具信息上传
用能单位采集数据上传

原标准数据接收服务端
企业端系统配置信息读取
原标准数据写入

图 5-8 能耗监测体系模块功能

重点用能单位接入端系统建设主要实现的功能是通过计量仪表、工控系统等数据终端对本单位能耗数据进行采集、汇总，将数据通过通信网络上传至区平台。接入端系统的建设保证了网闸、防火墙、隔离等安全措施的覆盖应用，确保内部系统安全和数据安全，同时要具备远程升级维保、接收区平台推送信息和用能单位自身能源管理所需的相关功能。重点用能单位接入端系统由各用能单位自行建设。

新疆能耗数据在线监测平台整体建设分为以下四个部分：

（1）新疆能耗数据在线监测平台建设工作。

1）2011~2013 年新疆能耗数据在线监测平台主体建设完成。为贯彻落实《国务院关于印发“十二五”节能减排综合性工作方案的通知》（国发〔2011〕26 号）和新疆维吾尔自治区人民政府印发的《关于自治区“十二五”节能减排工作的实施意见》（新政发〔2012〕2 号）精神，加强对自治区重点用能单位能源及能耗计量数据的监测和管理，尽快建立重点领域、有关地（州、市）能源消费预测预警机制，跟踪监测、研究分析各地（州、市）、重点领域、高耗能行业能源消费情况，充分发挥法定计量技术机构的优势，为自治区经济运行决策提供科学、准确、可靠的依据，国家城市能源计量中心（新疆）自 2011 年起承担了自治区节能减排专项资金项目“自治区重点耗能单位能源计量数据采集管理信息平台建设”暨“新疆能耗数据在线监测平台建设”。经过一年多的努力，2012 年底基本完成了平台主站的建设，主要包括：主站计算机网络机房和能源数据监测情况显示终端（显示大屏）建成；能源计量数据采集管理系统一期研制完成，重点用能单位能源消费数据网上直报系统投入试用；3 家用能单位的能源计量数据在线采集远程联网试点工作完成，其水、煤、天然气、蒸汽、电、热等 67 个采集点能源数据实现了与平台的远程联网实时监测，具备了对全疆重点用能单位的水、煤、气（汽）、电、油、热等主要能源品种的消费数据在线采集联网及实时监测的基本能力。

2）2014 年新疆能耗数据在线监测平台二期建设完成。在一期平台主站建成试用的基础上，完成平台二期任务，其中昌吉、巴州等 19 个地（州）能耗计量数据子平台已陆续建立并投入使用；包括“新疆节能公共服务平台”网站、能源 GIS 系统、能耗预警系统、单位产品能耗及能耗自动对标系统在内的平台软件二期开发也陆续完成并投入试用；新疆电力公司电量数据集中联网技术对接成功，220 家重点用能单位在线采集电力数据定时向新疆能耗数据在线监测平台传送；协调新疆新能源集团节能科技有限公司按自治区地方标准《能源计量数据采集系统技术规范》要求，实现了金风科技企业能源在线采集数据联网上传至新疆能耗数据在线监测平台的试点。

（2）新疆能耗数据在线监测平台容灾备份系统的建设推进。

随着平台主站建成，能源计量数据网上直报系统正式启用，数据在逐年增加。最重要的是，随着在线采集工作不断推进，实时监测数据量将持续增多，数据安全开始提上日程。为此，国家城市能源计量中心（新疆）从 2013 年初开始启动平台容灾备份系统建设方案的研制、实施工作，陆续购买设备，并于 2016 年在米东区质监局综合大楼 700 平方米的同城异址数据中心建成投用，通过平台容灾机房建设，提升平台数据的安全性，预防当时仅有的一套机房硬件设备发生故障、系统逻辑错误、人为误操作、网络攻击和黑客侵入等造成能源数据采集系统业务中断、系统数据无法恢复、数据丢失等后果；实现能耗数据在线采集业务零停机、数据零丢失，满足国家《信息系统灾难恢复规范》有关建设省级灾难备份中心和核心重要信息系统的灾难备份系统的要求，防患于未然。

（3）实施重点耗能企业能耗数据在线采集联网工作。

新疆能耗数据在线监测平台一期及二期建设完成后，实现了 30 多家企业的在线采集联网、200 余家企业电量消费数据联网上传。《自治区重点用能单位能源消耗在线监测管理工作实施方案》（新质监量〔2013〕60 号）为平台建设的推进提供了政策依据，方案中明确了重点用能单位能源消耗数据在线监测管理工作的相关要求，赋予了国家城市能源计量中心（新疆）负责建立和维护新疆能耗数据在线监测平台的职责。根据文件精神，在各地质监局和发展改革委的助推下，国家城市能源计量中心（新疆）每年通过政府招标采购的方式，有计划地协调实施了重点用能企业在线采集联网技术服务，加快重点耗能企业能耗数据在线采集联网工作的步伐，实现数据的对接、收集等工作。2016 年新疆能耗数据在线监测平台登记企业共有 561 家，在线采集到 209 家企业的能耗数据；2017 年新疆能耗数据在线监测平台登记企业共有 569 家，在线采集到 206 家企业的能耗数据。2018 年底已累计完成全疆 160 家重点用能企业综合能耗计量数据在线采集联网和 247 家企业电量消费数据集中采集联网。截至 2019 年 12 月，新疆能耗数据在线监测平台已经实现 247 家企业电量消费数据联网上传；在昌吉、哈密、乌鲁木齐等地（州、市）政府及相关部门的配合下，组织完成了 200 余家申请企业在线采集联网方案的现场调研，已实现 190 家用能单位在线采集联网。2021 年按照国家规范，新完成自治区 42 家重点用能单位能源计量数据在线采集联网，覆盖了水、煤、气（汽）、电、油、热等主要能源品种消费计量数据的在线采集联网及实时监测。

通过该项目建设全方位提升质监系统在新疆维吾尔自治区节能减排工作中的服务水平，最大限度地发挥质监系统能源计量专业对节能减排工作的技术保障和推动作用。

（4）新疆能耗数据在线监测平台的升级与规范。

为进一步落实国家发展改革委、市场监管局印发的《关于加快推进重点用能单位能耗在线监测系统建设的通知》（发改办环资〔2019〕424 号）和《重点用能单位能耗在线监测系统推广建设工作方案》的通知（发改环资〔2017〕1711 号）等文件要求，推进新疆能耗数据在线监测平台建设，不断提高自治区重点用能单位能源计量数据在线采集、实时监测分析的能力。新疆维吾尔自治区重点用能单位能耗在线监测系统建设，首先在现有基础上对“新疆能耗数据在线监测平台”进行升级改造，以满足国家发布的新标准规范要求。在此基础上，继续开展自治区重点耗能企业能耗数据在线监测，并在自治区节能监察局建设会议室监控大屏服务节能监察，进一步推动全区能耗数据在线监测，实现重点用能单位能源在线监测的全覆盖。

平台升级改造，通过建立对应关系，将原平台数据库中的数据导入新建系统数据库，实现平台间的平滑切换。按照国家发展改革委环资司和国家节能中心 2018 年 5 月 4 日发布的《重点用能单位能耗在线监测技术规范（试行）第一批》要求，建设重点用能单位能耗在线监测系统。根据数据采集规范的要求，对系统数据接口进行升级以兼容新旧两种规范。打通与国家平台及自治区其他部门数据平台数据交互的接口，实现数据通过政务外网与国家平台对接。针对使用 GB/T 29873—2013、DB65/T 3473—2013 等标准的企业，在自治区平台端建设重点用能单位企业端系统，提供企业基础信息、通信变量、上报指标等内容配置功能。

按照节能监察局节能监察的要求建设了功能齐备的监测大屏，及时发现耗能超标的用能单位，开展节能执法，通过监察过程中与平台的联动，实现线上线下联合执法。监测大屏为加强节能执法工作提供了线索，增强了节能执法的科学性和权威性，也能实现对地区节能目标完成情况的预测预警，增强节能调控政策的主动性，保障节能目标的顺利完成，并为年度节能目标考核提供了依据。

4. 平台能力建设

国家城市能源计量中心（新疆）在“新疆能耗数据在线监测平台”中发挥主观能动性，积极参与行业标准与技术规范的编制工作。标准不仅指引能源计量的发展建设方向，为建设能源计量提供了技术依据，同时也作为技术指南引领着能源计量发展。“没有规矩，不成方圆”，作为新疆能耗数据在线监测平台建设过程中的重要手段，标准化不仅可以帮助能源计量从规划设计、建设，到运行乃至设备建造等各个方面规范化，还可以促进能源计量技术产业化，并有效地避免重复投入和资源浪费。

由于标准在能源计量建设中占有重要地位，标准制定的主导权直接关系到相关市场的长远利益。国家城市能源计量中心（新疆）根据“新疆能耗数据在线监测平台”建设运行编制了相关行业标准与技术规范：DB65/T 4245—2019《供热企业单位产品能源消耗限额新疆地方标准》、DB65/T 3473—2013《能源计量数据采集系统技术规范》、DB65/T 3609—2014《用能单位能源审计规范》、DB65/T 3986—2017《番茄酱单位产品能源消耗限额》；参与了JJF 1261. 24—2018《吸油烟机能源效率计量检测规则》《3. 6kV～40. 5kV 开关设备能效计量测试规范》《电力变压器能源效率标识实施规则》规范编制工作。新疆地方标准《能源计量数据采集系统技术规范》DB65/T 3473—2013 已于 2013 年 5 月 1 日正式实施，为重点用能单位在线采集联网工作的推进提供了重要技术依据。

建立和形成一套适应于国家、行业和新疆区域的科学的能源计量技术标准体系，是我国能源计量行业健康科学发展的需要，也是提升国家城市能源计量中心（新疆）在国家能源计量及相关领域竞争力的需要。根据新疆能耗数据在线监测平台发展状况，持续完善能源计量相关技术标准体系，提升国家城市能源计量中心（新疆）在能源计量领域的话语权，以实现提供一套更加完整和一致的新疆能源计量项目标准的目标。

5. 平台建设成果

“新疆能耗数据在线监测平台”自 2011 年批准立项为“自治区全社会节能减排专项资金能力建设项目”以来已连续 8 年累计投入 2000 余万元节能减排专项资金，在各级领导和有关部门的支持配合下，平台已成为新疆节能减排的亮点，受到了自治区、全国有关部门和领导的关注和好评，也为自治区节能监管发挥了一定作用。

2013年起国家城市能源计量中心（新疆）利用平台直报系统连续多年完成了自治区发改委、自治区质量技术监督局交办的全疆重点用能企业年度能耗数据审核汇总分析、能效对标及能源计量审查等技术服务工作。该直报系统已先后在自治区节能减排领导小组办公室部署安排的2011年、2012年、2013年全区重点耗能企业能源消耗计量数据及单位产品能耗限额标准执行、达标情况的调查工作中不断得到应用和改进。同时，2012年和2013年为300多家企业及各地（州）节能相关管理部门共计1000多人次提供了能耗数据平台网上直报操作等相关能源计量知识和技能的培训，培养能源计量方面的专业技术人才。

2017年申报的新疆能耗数据在线监测平台建设所涉及的统计调查项目获得自治区统计局批准，成为一项自治区合法的能源统计报表制度。

2020年4月，升级改造的新疆维吾尔自治区重点用能单位能耗在线监测系统成为政府监管部门能源数据来源、碳交易、节能量交易、生成区域行业数据图表以及相关数据产品的唯一数据出入口平台，范围覆盖新疆十大重点耗能行业，包括石油石化、冶金、机电、化学、电力、轻工、煤炭、纺织、公用、建材等。

新疆能耗数据在线监测平台不仅能满足重点用能单位内部与能源活动相关的计量管理需求，同时能为政府城市能源规划、能源资源调整和节能减排控制提供依据和方案，为自治区节能减排统计、监测、考核评价体系建设提供技术支持。一方面，监督、服务企业，全面掌握用能企业能源管理工作情况，引导企业建立节能减排管理自律机制，有效提高能源利用效率，降本增效，增加整体经济效益；另一方面，为节能监管部门完善能源消耗数据采集、能源监控管理体系，实现新疆经济可持续发展提供技术保障。同时，新疆能耗数据在线监测平台的建设能带动相关信息产业如仪器仪表、控制系统、计算机、网络设备以及软件等领域的发展，促进技术进步，具有良好的社会效益和经济效益。

6. 平台发展存在的问题

“新疆能耗数据在线监测平台”建设运行至今整体状况良好，但是重点用能单位能耗数据在线采集联网工作在开展过程中也遇到了一些问题。

政策法规执行不到位。从20世纪90年代末开始，我国针对能耗监测与能源管理相继颁布了一系列相关法律法规，但目前已发布的法律法规体系对能耗监测系统的建设主体、责任、监督主体以及执法主体的规定比较模糊、简单，没有进一步细化落实，在第三方技术服务机构认定、监管机构建设、资金使用管理、纠纷争议处理等事项上仍有空缺。目前，能耗在线监测得到了新疆维吾尔自治区发展改革委的大力支持，国家和自治区也有相关政策支持，但在推行过程中，各级政府的重视程度还不够高，相关政策法规的执行不到位。推行力度成为制约能耗在线监测工作进一步推进的一大难题。

技术规范体系不够完善。在能耗在线监测系统建设方面，目前中国计量院、国家节能中心等单位已经编制了一系列相关技术标准。标准对系统总体架构、数据接口、硬件配置建设、平台功能要求等方面做出了规定。但随着各地区开始进行系统平台建设，一些问题逐渐暴露出来，集中体现为一些特定行业或生产环节不适配、不适用或适用效果较差。例如，无法有效保障联网数据质量，端系统如何进行验收等都缺少相应标准参考；除了部分重点行业如火力发电、石油石化、水泥等行业已经发布了采集指南，很多行业依然缺少采集指南指导。而在生产端进行端系统建设时，由于不同企业生产工艺各不相同，相应的建设条件也较为复杂，目前的规范体系无法有效解决这些差异化技术要求。

不同地区对建设的整体认识不一致。国家明确规定，能耗在线监测系统建设应加强资源整合，防止重复建设，避免重复采集数据，增加企业负担。但不同部门之间由于行政管理等要素导致共享机制尚未完全建立，能耗数据没有合适的共享渠道。同时受到地区经济发展水平影响，不同地区的人力资源、技术资源等不尽相同，能耗在线监测系统的建设也受到了这

些因素的制约，在平台建设、宣传推广、政策标准建设等方面进度不一。此外，许多地区缺少前置经验与人员，无法高质量完成技术方案评审，且节能主管部门和市场监督管理部门也未在端系统建设监督检查及计量器具配备管理中形成合力。目前自治区质量技术监督局与自治区发展改革委对系统的重视程度较高，但自治区工业和信息化厅、统计局、机关事务管理局等有关部门重视程度不够。各部门还未联合成立能源计量数据采集联网工作协调机构，协调机制不明确，未形成凝聚力。

重点用能单位主体责任意识不强。目前，自治区人民政府尚未出台强制性在线采集联网政策，也未采取相应的强制措施，还是依靠企业的自觉性来实施能耗数据在线采集工作，企业普遍对此工作的抵触情绪较大，不想让政府掌握最真实的能耗数据，因此对在线采集联网工作推诿、不配合，甚至故意破坏采集终端，给在线采集工作带来很大困难。重点用能单位是能耗在线监测端系统建设过程中的核心主体，但部分重点用能单位受组织机构、管理模式、生产流程的制约，还停留在过去较为粗放的经营管理方式，对节能工作的认识不足，没有将节能减排工作放在较为重要的位置上。此外，一些单位管理层对监测数据对外提供方面始终持怀疑态度，不愿意共享企业的能源监测数据；设备方面，许多用能单位也没有相应的计量设备管理体系或计量设备较为老旧，无法满足当前计量需求，必需投入较大成本进行统一更换，导致这类单位对平台建设望而却步；还有一些重点用能单位认识不足，将节能减排与能耗在线监测系统视为政府的任务，将建设工作以低成本的方式委托给第三方机构实施，导致建设完成的平台漏洞百出，运维升级、数据应用困难。加之近年来，经济压力大，企业资金紧张，政府部门人手紧缺，需要解决的事情很多，没有更多的精力去协调督促能耗数据在线采集联网工作，出现了一些管理人员对平台使用陌生、出现问题缺少维护等现象，平台无法发挥本身的功效。

第三方技术服务机构服务质量参差不齐。随着政府大力推进能耗在线监测系统建设，相应的配套服务市场规模迅速扩大，但同时也出现了一批技术水平较低、低价抢占市场、恶意竞争的第三方技术服务机构滥竽充数。一些第三方技术服务机构对能源行业认识不足，缺乏行业自律，服务水平不高，缺少相应的专业人才，在提供技术服务工作时，不进行充分调研，不做好需求分析工作，盲目蛮干，缺少专业技术评审控制，导致平台建设以及后续的数据采集存在很多质量问题。同时，大部分技术服务机构规模较小，都属于中小微型企业，管理模式简单，缺少风险控制机制，无法提供持续性的服务保障。

能耗数据在线采集联网工作是一项创新性科研工作，但当前的体制机制制约了能源计量人员队伍的稳定和发展，尚未形成人员能力持续提升的良性循环。

数据商业化运营方面，存在内外部业务市场拓展不深、覆盖面较窄、创新能力不足的问题，未充分挖掘能源全产业链的数据市场价值，没有形成资金的商业运营模式，依靠政府补贴不能持久健康发展。

（五）能源计量大数据发展的未来展望

1. 完善重点用能单位能耗在线系统

“十四五”时期是我国实现“碳达峰”的关键时期，需要将过去依靠传统单一的化石能源的能源利用结构向清洁、低碳、安全、高效的能源体系转化，降低化石能源占比，提高能源使用效率，对重点领域、重点地区、重点行业实施节能降碳行动，推进绿色制造，推动绿色低碳能源计量关键技术、能耗监测关键技术实现重大突破，建立完善重点用能单位能耗在线监测系统。

建立满足区域内重点耗能企业降碳需求的最高能源计量标准。在一些工业领域，能源计量监测技术已经成为获取高质量能源数据的“瓶颈”。通过计量可以解决量值的溯源、传递和准确性问题，全面保障能源产品质量安全，提升产业发展的核心竞争力。建立最高计量标准装置形成准确度高、稳定性高和可靠性高的检测能力，对关键的能源计量器具进行不确定度分析，制定国家和地方检定、校准规范，使检测能力覆盖区域的能耗计量器具达到90%，为节能减排提供技术支撑。

提高能耗监测数据采集的准确度，建立统一的能耗监测数据标准体系。开发能耗监测关键技术相关产品与应用系统，制定相应的国家或地方标准、规程规范，实现网络化、信息化、数字化、可视化、智能化、精准化的能源实时监测管理，使能源数据的使用者能够轻松地采集、传输、控制、管理与应用数据；通过建立能耗监测数据采集的标准，帮助各个数据采集点采集的能源数据归统到同一个口径，有效消除各家数据“各自为政”的现象，化解信息孤岛问题。

多种能耗数据采集技术的实现。能耗数据监测需要满足煤炭、电、水、气等多种能源数据采集的要求，这些数据来源种类繁杂，生产环境不统一，采集数据终端和各类仪器表盘的规格也各不相同，针对多种能耗数据开发数据采集技术、接口技术，实现新疆能耗数据在线监测平台与国家平台数据交互与对接。

2. 能源大数据挖掘助力“碳达峰、碳中和”目标的实现

借助能耗监测体系，对标用能最优分析、用能构成以及能效水平，并通过完善用能设备管理模式、规范节能标准、构建能源质量保障体系等措施，实现精确计量设备能耗，指导节能减排工作，助力“碳达峰、碳中和”的总目标。

实现碳排放测算分析与“碳达峰、碳中和”路径选择研究。

一是利用能耗数据，测算区域真实的碳排放，提出切实可行的“碳达峰”路线图。充分考虑本地区经济社会发展情况、资源分布情况、能源结构情况、产业发展需要、基础设施建设、重大能源项目建设规划、新兴产业发展布局、生态环境治理措施等因素，利用区域能耗数据，测算真实碳排放，明确区域内重点行业、重点区域和重点企业，规划切实可行的“碳达峰、碳中和”长期路线。

二是利用能耗监测平台，实施总量控制，建立推动碳减排的地区、行业分解机制。利用监测平台，实施各地（州、市）碳排放的监测和总量控制，尽快指导各地（州、市）建立起符合本地特点的碳排放总量控制目标和措施体系。各地（州、市）根据能耗监测数据，在碳排放总量控制目标下，明确本地碳排放总量控制目标，建立相应的企业、特定区域碳排放分解机制，完善目标责任考核体系和配套机制，以引导企业、行业和区域加快绿色低碳转型。

强调能源管理与能源监测对企业的作用。面对能源紧张和碳排放指标考核的双重压力，企业必须通过技术创新和模式创新，构建以节能降耗、清洁生产为核心目标的能源管理和监测体系。需要持续增强能源管理与能源监测体系的建设，可以从四个方向进行探索。

（1）提高能源信息采集、存储、管理和利用的完善程度，使企业能源管理水平不断满足企业战略发展需求。

为能够实时获得运行工艺的数据，可采用能源监测与节能管理系统来了解系统实时运行情况，及时调度使系统尽可能运行在最佳状态，降低事故的影响率。同时，在企业能源管理部门的指导下，实现对能源系统的分散控制与集中管理，使能源系统能够在分散控制的特殊情况下实现集中管理，最大限度地满足企业发展需求。

（2）缩减能源管理环节，简化能源管理流程，构建客观清晰的能源消耗评价体系。

建设能源监测与节能管理系统，可以实现能源数据的高效利用，优化能源管理中的流程，实时监测高耗能企业的能源设备运行情况，了解企业实际能源消耗情况。在采集高效、全面的能源数据的基础上，建立起客观、清晰的能源消耗评价指标。通过数据分析发现企业的能源消耗漏洞并及时提出节能策略，用技术方法和管理方法降低企业在能源管理中的运行成本，使企业在能源监测与节能管理上获得效益。

（3）节约能源系统运行管理成本，提高企业员工的工作效率。

特变电工能源系统的规模比普通小型企业要庞大，结构更加复杂，企业员工工作量大，管理成本较高，包括现场管理、运行值班和检修及其管理。能源监测与节能管理系统的建设将会对大型企业的能源管理体制改革起到不可替代的作用。而对于中小型企业来说，能源数据采集点较少，这种情况下，采用能源监测与节能管理系统效果会更加直观有效。最终系统会实现远程数据监控，减少能源系统管理中的人力投入，节约能源系统运行管理成本，可将多余的人力投入到其他更重要的工作中，提高企业员工的工作效率。

（4）提高企业对能源系统故障和异常情况的反应能力，避免企业突发事故升级。

能源监测与节能管理系统能够从全局角度考虑，分析各能源设备的实际运行情况，一旦有设备发生故障或者运行状态异常，将会及时采取应急措施或者发出警报，提醒运行管理人员及时处理。该系统的建设，可以优化能源管理，及时了解企业的能源发展需求和实际消耗情况，使企业的能源利用处于合理稳定的状态。大量现场运行数据的采集，结合能源数据的挖掘、分析、决策，将为企业的高级能源管理应用提供可能性。

二、产业计量在煤电产业的应用现状

（一）发展煤电产业计量的必要性及意义

1. 发展煤电产业计量的必要性

随着我国“双碳”目标的确定，能源结构不断调整，煤电产业也面临着结构性改革难题。在煤电产业中，计量对于能耗低、清洁安全、可持续的煤电体系建设起到的作用日益凸显。计量作为保障数据质量的基础，必然要提前发展以适应产业变化。通过构建新时代煤电产业计量支撑体系，为煤电产业发展所需的理论研究、技术进步、治理创新、管理优化等各个方面提供有力支撑，从而推动煤电产业可持续发展。

（1）现代煤电产业发展的需求。

根据国家发展现代产业的总体战略要求，提高煤电产业能源利用效率、发展改善环境质量的清洁发电技术，是保障国家能源安全、提高能源效率、服务清洁能源发展、促进生态文明建设尤其是解决雾霾天气问题的必然选择。2015 年 4 月 27 日，国家能源局发布《煤炭清洁高效利用行动计划（2015—2020 年）》，要求加强煤炭质量管理，加快先进的煤炭优质化加工、燃煤发电技术装备攻关及产业化应用，稳步推进相关产业升级示范，建立政策引导与市场推动相结合的煤炭清洁高效利用推进机制，构建现代煤炭清洁利用体系。

煤炭清洁高效利用目标的实现，离不开计量的支持，要结合煤电产业的特点与实际需要，重新构建计量工作的核心重点与体系重心；建设以能源管控为目标的煤电产业计量中心，以满足煤电产业对能源量值设计、测量、控制及应用的需求。因此，为保障煤电产业的健康、有序发展，完善电力计量体系，将煤电从生产到输送的整个过程完全纳入计量管理体系，迫切需要发展煤电产业计量。

（2）煤电产业技术发展的需求。

目前，国家在特高压（750 千伏以上电压）技术方面的关键核心难题已基本攻克，但在某些具体问题上还有技术真空带和空白区，为特高压计量工作带来困难。作为第一个正式投入大规模应用特高压技术的国家，我国在特高压计量设备、技术标准、安全规范等方面尚不健全，相应的计量、量值溯源工作无法有效开展。在现有的量值传递体系中，绝大部分技术机构尚未把特高压计量器具纳入计量工作体系中。特高压计量器具如不经过量值溯源和计量测试，难以保证相关技术参数的准确性、可靠性，无法保证产品的质量和技术水平，将为电力传输系统的安全运行埋下隐患。

随着特高压能源输送通道建设的顺利推进，电力输送网络日趋完善，部分地区已形成以煤电产业为核心，新能源、新材料、电工制造等产业共同发展的产业群。以煤电为主，风电、水电、光伏发电为辅的电源企业并网数量增多，与电网公司的贸易结算也日趋复杂；各类用电行业和部门以及居民用户也都面临电能计量公平、公正的问题，需要可靠的技术机构为电力贸易结算提供计量技术服务工作。同时，以特变电工、金风科技、新疆众和等企业为代表的电工制造、新材料、新能源、化学化工等产业，随着规模的扩大、质量要求的不断提升，对产品质量、仪器设备的计量技术服务需求变大，亟须成立相应的技术服务部门为产业的进一步发展提供技术支撑。

随着现代煤电产业的发展，需要建立国家级产业计量测试中心，中心建设紧跟产业发展技术需求，掌握产业计量测试技术需求的方向和重点，积极提供适应产业发展的计量技术服务，攻克制约产业发展的计量测试技术难题，将计量测试技术服务融入产业产品全生命周期。

（3）“一带一路”倡议促电力外送提速发展的需要。

我国国土面积较大，不同地貌特征区别明显，能源资源分布不均匀，不同地区的能源需求也不同。我国中部与东部地区对电力的需求普遍高于西北部地区，但在电力生产方面受资源地域限制，无法自给自足。我国主要发电中心都集中在西北部地区，而中东部地区往往与这些发电中心间隔超过上千千米，要满足庞大的用电需求，必须依赖超远距离、大规模电力输送技术的支撑，在政府层面实施统一有效的电力配置与调度。同时，西北部地区因为地理条件因素，地广人稀但能源资源储备十分丰富。以新疆为例，作为我国重要的能源基地，在国家电网公司的大力支持下，“十一五”期间，新疆电网先后实现了 110 千伏全疆联网、220 千伏全疆联网和 750 千伏新疆与西北电网联网。“十二五”期间，国家电网公司继续加大对新疆的支持力度。2013 年 6 月和 2014 年 1 月，新疆—西北主网联网 750 千伏第二通道工程和新疆首条特高压哈密南—郑州±800 千伏直流输电工程先后建成投运，有力地促进了新疆能源资源优势向经济优势转换。

同时，在煤电产业的带动下，我国本土涌现了众多技术力量雄厚的电工制造、新能源、新材料等企业，这些企业随着市场的扩大、实力的增强，部分已跨出国门以寻求在国际舞台上的更大发展。这些企业在开展海外贸易的过程中，需警惕贸易保护主义的抬头，为可能出现的贸易壁垒、不公平竞争行为做好准备工作，防止发达国家利用技术优势单方面提高技术门槛，为我国相关产品进军海外市场设置贸易壁垒。为支持这些企业走向国际市场、积极参与国际竞争，有必要成立国家级计量技术服务机构作为后盾。

因此，做好煤电产业计量测试服务工作，是应对“一带一路”倡议、做好支持煤电企业进行公平贸易和积极参与国际竞争的基石，是促进我国电力外送提速发展的需要。

（4）构建煤电产业发展计量支撑体系的需要。

计量是关系到国计民生的一项重要技术基础，是现代质量基础的三大支柱之一。发展计量支撑体系是在国家做出全面建成小康社会重大战略部署后，对国家现代化发展道路的重要响应，对促进我国计量引领科技进步、支撑经济社会发展、服务社会和谐、维护国家主权和安全、增强国家竞争能力都具有战略意义，必将推动我国产业发展迈入一个崭新的历史阶段。

现在我国正处于实施创新驱动发展战略的关键阶段，产业计量支撑体系构建不仅为我国计量未来发展提供了动力，也是全面提升我国产业计量工作水平的行动指南。计量是国民经济高质量发展的主要技术基础，也是

实现“创新驱动、转型发展”的关键。现代计量学涉及诸多自然科学领域，不仅与新产品、新材料、新工艺和新技术研发密切相关，还是高新技术产业培育、形成和发展过程中不可或缺的部分。

2. 发展煤电产业计量的意义

（1）有利于提高煤电产业能源利用效率。

产业计量是注重应用的科学，计量本身的科学以及计量器具的准确性研究只是产业计量的理论基础，更关键的地方在于计量在产业中的应用是否能指导生产经营活动，在企业的生产活动中产生的量值数据是否能帮助决策者进行管理。因此，产业计量在煤电产业的应用同样是以提高能源利用效率、节能减排、改善环境质量、可持续清洁发电为目标导向，关注煤炭电力生产过程中产生的量值数据在煤电产业中是否得到有效应用。这个目标的实现就需要对发电产生的量值数据进行有效控制。此外，还需要研究计量在煤电产业应用的成本，确保一定的经济性。在量值技术数据应用的设计中要考虑适宜的指标，用以满足煤电行业市场竞争的效益需求。

具体可实现以下目标：①采用产业计量工程手段，实现电厂发电质效管控的技术化；②通过延伸计量服务，实现将发电过程的技术手段放在主要位置，根据过程决定结果的因果法则定律，将技术前移突出电厂发电管控技术的过程化；③通过对煤电产业计量工程提升产品质量和效益的目标进行系统设计，质效管控必然促进大量自动化和信息化技术的有效应用，促进煤电产业自动化和信息化技术应用水平快速提升；通过产业计量技术的精准化，引导产业发展向精细化、精准化迈进。

总之，发展煤电产业计量，有助于推广发展超低排放燃煤发电，加快现役燃煤机组升级改造，逐步提高电煤在煤炭消费中的比重，推进煤电节能减排升级改造，进一步加快燃煤电站节能减排改造步伐，提升煤电高效清洁利用水平。

（2）有利于推动关键共性技术研究。

目前，国内各发电设备制造企业引进的超超临界技术来源不同，形成了不同技术流派。在行业技术发展的共性技术方面尚未达成有效的共识，更没有组织起联合研究，核心技术自主创新能力不足，缺乏共性技术研究平台，特别是在超超临界机组的高温高强度材料研发、超超临界锅炉和汽轮机等关键共性技术方面未能组织起有效的试验研究。

因此，要以建设国家煤电产业计量测试中心为依托，通过有效整合、集成和优化计量技术机构、高等院校、科技机构及其骨干企业等优势单位建立煤电产业计量技术服务体系，为我国煤电产业核心竞争力的提高提供重要技术支持，为产业创新发展提供计量技术支援，推动产业关键共性技术研究。

（3）有利于进一步完善标准体系。

通过国家煤电产业计量测试中心建立标准与认证支撑平台，能够完善煤电产业的标准体系，制定煤电产业技术计量标准、高效清洁发电系统设计标准和安装与施工规范、高效清洁发电并网技术标准等。加快构建电厂产品质量评测和控制体系，建立煤电产品计量标准，完善煤电产品质量管理体系，建立高效清洁发电产品认证制度，能够提高煤电产品质量和水平。通过国家煤电产业计量测试中心建立高效清洁煤电发电系统测试平台，研究煤电并网技术，高效清洁煤电发电系统设计、施工、规程及工法、图集和验收规范；制定煤电产品和发电系统测试方法和测试规范，建设煤电发电系统标准服务平台，进一步完善产业的标准体系。

综上所述，产业要发展，计量需先行。发展煤电产业计量应该通过创新计量技术服务理念与模式，建立国家煤电产业计量测试中心，引领煤电产业计量测试技术发展；以支撑国家煤电产业能源利用效率提高和改善环境质量的清洁发电技术升级发展为目标，促进国家煤电产业高新技术的发展与创新，推动国家煤电产业标准体系的完善。

（二）国家煤电产业计量测试中心建设与发展

作为对国家有关政策的积极响应以及为满足社会经济与产业发展的需要，根据《质检总局关于充分发挥质检职能作用促进新疆社会稳定和实现长治久安的意见》（国检办〔2014〕498 号）文件精神和国家质检总局《国家产业计量测试中心管理办法》等相关规定，新疆计量院组织相关部门进行了前期的充分调研和多次论证，在此基础上，新疆计量院筹建“国家煤电产业计量测试中心”。

2015 年 9 月 14 日，国家质检总局下发《质检总局关于同意筹建“国家煤电产业计量测试中心”的批复》（国质检量函〔2015〕530 号），同意筹建“国家煤电产业计量测试中心”的申请。为了更好地落实产业中心筹建任务，实现上述目标与战略定位，需要煤电企业的支持和参与，寻找一家煤电企业与之达成战略合作，优势互补共同筹建国家煤电产业计量测试服务体系与平台，通过该平台共同开拓行业的计量市场，最终实现引领煤电产业计量测试技术发展的目标。

批筹之后，新疆计量院按照国家产业计量测试中心建设方案中的建设要求，系统谋划、顶层设计，以服务和支撑煤电产业发展为核心，边摸索边建设。通过深入煤电企业调研计量需求、组织技术人员、测量仪器设备配置、召开专家座谈会、关键参数分析与测量能力建设、全产业链计量测试服务能力建设与产品全生命周期计量保障服务能力建设，基本完成了国家煤电产业计量测试中心的初步建设。

1. 煤电产业计量数字化背景

（1）政策背景。

2013 年 3 月，国务院发布《计量发展规划（2013—2020 年）》，提出将构建国家产业计量测试服务体系，作为计量服务和支撑现代产业发展的重大举措，同时作为现代产业体系的重要技术基础和重要组成部分。

2020 年 4 月，《市场监管总局关于加强国家产业计量测试中心建设的指导意见》指出，国家产业计量发展目标是到 2030 年底，在战略性新兴产业、现代服务业等重点领域建成不少于 50 家的国家产业计量测试中心，形成不少于 100 项自主核心测量技术或能力，研制不少于 100 套产业专用计量测试设备，申请不少于 100 项具有自主知识产权的专利，制定不少于 100 项国家、行业或地方计量技术规范或标准。国家产业计量开展的工作任务中也提到，密切跟踪当前世界科技进步和产业发展的最新趋势，开展前瞻性计量测试技术、产业关键共性计量技术研究。根据国际单位制变革要求，加快传感技术、远程测试技术和在线测量技术等扁平化计量技术的研究与应用。加快航空航天、海洋船舶、生物医药、新能源、新材料等重点领域产业专用计量测试技术、方法研究，填补新领域计量测试技术空白。加强数控机床、机器人、轨道交通、卫星导航等领域精密测量技术研究，探索物联网、区块链、人工智能、大数据、云计算和 5G 等新技术在产业计量测试领域的应用。加强核心基础零部件、先进基础工艺、关键基础材料和产业技术基础相关计量测试技术研究，为“强基工程”提供计量支撑和保障。

（2）产业背景。

新疆维吾尔自治区位于中国西北地区，是中国陆地面积最大的省级行政区，具备能源储备充足，矿产种类全、储量大，能源资源丰富，开发前景广阔，文化旅游资源丰富、开发潜力巨大等特点。经过多年发展，新疆综合经济实力不断增强，地区生产总值从 2015 年的 9306.88 亿元增加到 2020 年的 13797.58 亿元，产业结构不断优化，三次产业比例由 2015 年的 15.1∶37.0∶47.9 调整为 2020 年的 14.4∶34.4∶51.2。新疆产业丰富多元，基本涵盖煤炭、石油、钢铁、电力、装备制造、医药、特色林果业与农副产品加工等各类重点产业，有阿勒泰产业集聚区、库尔勒产业聚集区、乌鲁木齐—昌吉产业集聚区等 16 个产业集聚区。这些集聚区从北到南，依次形成了北疆北部、天山北坡、巴州·阿克苏、南疆三地州四个大型产业带。

新疆作为全国典型的资源经济区，其矿产资源种类多、储量大，新疆煤炭预测储量达到2.19万亿吨，占全国预测储量的40%以上，是中国煤炭储量最高的地区。新疆是我国重要的能源基地，“西电东送”已成为新疆的重要名片，为我国东部和中部省区经济社会发展提供了源源不断的电力能源，有效缓解了我国经济与社会发展中电力分布不均衡与电力需求不足的问题。新疆拥有煤炭优势和发电优势，但目前各煤电企业无法做到高效燃煤发电和清洁发电，现有的煤电企业发展模式、煤电转换技术和生产质量需进一步提升。在此产业背景下，为推动新疆产业创新转型、提质增效，实现新疆资源向新疆产业转变的目标，新疆的计量服务体系需要进一步发展。

2. 建设目标

国家煤电产业计量测试中心的筹建目标是：以安全和质量为中心，依据国家、行业相关法律法规、标准规范，采用有效的计量与测试手段，实现对煤质分析、汽水系统水质分析、燃烧系统、运行参数控制、排放物动态监测、设备检修试验六个方面的计量测试需求，提供准确可靠的量值传递、计量与调试服务。通过上述服务，实现对煤电产业安全、质量、经济运行发展相关的量值参数以及指标的监测管控，以确保其运行质量。同时，不断加大以三大主机“锅炉、汽机和发电机”为重点服务对象的测量、测试技术的研究及专用计量测试设备的研制开发投入，强化煤电产业中产业联盟和企业之间的沟通联系，加强双方合作关系，为国家煤电产业技术创新发展提供坚实的基础。通过“三全一前”的服务，实现“建中心、搭平台、创联盟”的目标。

3. 建设思路与发展方向

（1）边建边检。

在国家煤电产业计量测试中心建立的过程中，通过开展煤电企业调研，召开煤电企业座谈会和技术专家咨询会，邀请产业一线技术人员、行业资深技术专家、高等院校科研团队参与并配置先进的校准计量设备等方式，推动计量能力达到国内一流水平。

目前，遵循边建边检的思路，针对中心梳理的计量需求进行讨论，分类和总结后整理煤电产业《校准项目技术需求表》，共计133项；解决了煤电产业链中游部分的仪器仪表准确溯源问题，覆盖被安装用于燃烧系统（以锅炉为核心）、汽水系统（主要由各类泵、给水加热器、凝汽器、管道、水冷壁等组成）、电气系统（以汽轮发电机、主变压器等为主）、控制系统四大系统中的各种设备，特别是用于投入、生产、产出和排放四个阶段中以工艺参数测量与控制为目的的传感器和仪器仪表。在建设这些校准能力过程中配备校准计量装置96台（套）。

（2）边建边研。

在国家煤电产业计量测试中心建立的过程中，通过积极开展产业相关学术交流工作，积极开展学术会议、科学研究、考察、成果鉴定及评定，积极参与各项科技项目等方式，促使测试中心的科研能力达到国内一流水平。

目前，遵循边建边研的思路，国家煤电产业计量测试中心参与国家质量基础设施重点专项课题与国家科技支撑计划专项6项；参加国家市场监督管理总局等省部级科技项目10项；承担和完成自治区市场监督管理局等地市级科技项目2项，完成本院技术改造6项、标准装置13项。取得煤电产业知识产权领域成果85项，其中发明专利6项、在申请状态发明专利8项，实用新型专利31项，软件著作权48项；服务于煤电产业科研项目创新成果转化6项。各专业技术工作人员先后在国内外专业学术交流会上发表和宣读论文16篇。筹建期间共发表与产业相关学术论文98篇。同时，在中心筹建过程中，获得与产业相关的省部级奖项9项，其他等级奖项2项。

（3）边建边服务。

在国家煤电产业计量测试中心建立的过程中，努力做好边建边开展纵深服务，使计量能够与生产制造的应用层发生直接联系，实现由单一计量服务向多元计量服务转化，由提供单一量传服务向构建体系化、标准化、现代化的产业计量服务转化，拓展计量服务范围，从而使中心运行能力建设满足可持续发展要求。

目前，遵循边建边服务的思路，测试中心突破传统计量技术服务领域，开展专用测量仪器的计量服务 11 项，面向发电机组开展的诊断与预防性性能试验 35 项，开展发电机组启动调试服务 1 项，完成煤电及相关企业建标 34 项，培训 50 余家煤电化工企业 159 人次，并在该技术服务领域实现了创收。

4. 能力建设

针对煤电产业测量方面存在的技术需求，既要关注传统测试方法的优化研究，也要注重新设备需求研究和新方法的试验研究，从而提高煤电产品的高效性，并对新型测量方法进行攻坚以拓展测量范围，借以引领煤电产业工艺计量参数采集、设定和控制，重点开展煤电产业量值传递、关键参数测量（测试/计量）、科技创新等方面的能力建设项目。

（1）煤电产业量值传递能力建设。

紧密结合煤电产业专用测量仪器的量值传递需求，建立和完善煤电产业专用计量标准，开展产业专用测量仪器计量检定和校准服务及现场仪表的校准计量服务，努力提高产业量值传递的能力，重点突破煤电产业量值溯源的关键共性技术。一是提高烟道流量、高温蒸汽流量、一次风二次风调节等煤电产业计量装备全过程量值溯源能力。二是制定煤电产业专用测试标准和校准规范，统一规范企业量值溯源建设。三是保证工作用计量测试设备在使用过程中量值测试的准确性，将量值传递过程拓宽到工作计量器具的量值测量，甚至量值应用阶段，延长产业的溯源链。

（2）煤电产业关键参数测量（测试/计量）能力建设。

以三大主机“锅炉、汽机和发电机”为重点服务对象，开展煤质分析、温/压监控、排放物监测、锅炉试验、氢/氧分析、水质分析、汽机试验、能效提高、转速监控、润滑油分析、励磁监测、发电机试验和电气试验等关键参数测量能力建设。紧密结合上述关键领域关键参数的测量技术需求，特别是涉及煤电产业核心技术领域的关键参数，开展关键领域关键参数的测量技术和方法的研究与应用，重点解决产业核心技术和关键共性技术测量技术难题，以满足产业关键极值参数和新参数的测量要求。一是打造权威的第三方计量平台，提供公正的第三方计量服务，为国内外企业采购提供可靠、公正数据，缩短煤电行业测试能力与日本、美国等国家的差距；二是统一锅炉、汽机、电气、理化和环保关键测量项目的相关测试标准；三是拓宽测量结果量值的科学应用范围，提高量值应用的准确性和有效性。

（3）煤电产业计量科技创新能力建设。

针对煤电产业发展的技术难点和技术瓶颈，探索产业计量对解决这些难点的辅助性作用，构建煤电产业计量科技创新能力体系，强化计量研究主体机构的科技创新机制建设，加大对计量科技创新项目的投入，集中力量突破技术瓶颈。就长期制约产业发展的关键领域关键技术难题开展计量科技创新工作，突破国外技术封锁，加强生产自动化、信息化与产业化的融合，对生产工艺中的温度、压力等重要参数实时在线测量，开发具有自适应能力的过程控制软硬件系统，提高煤电产业重要工艺工程的可控性，研制在线计量系统和装备，解决长期困扰煤电产业的一二次风配风不准、环保排放等参数的计量与远程在线监控的难题，提高生产过程控制的准确性和稳定性，突破制约产业发展的计量测试技术。

5. 建设成果

（1）测量仪器设备配置。

在测量仪器设备配置方面，国家煤电产业计量测试中心在梳理产业计量关键参数和编制量值溯源体系图的基础上，进一步加强了测量仪器设备配置，提升了煤电产业的关键参数测量项目能力，测试中心投入资金

4226.42 万元，用于新购测量仪器设备。按照筹建任务书《测量仪器设备配置表》规划要求新建 39 项，完成了 93 台（套）测量仪器设备采购工程，筹建任务完成率为 100%，目前各测量仪器设备已到位并投入使用，初步满足产业关键领域关键参数计量与实验需求。

（2）校准技术能力。

在校准技术能力方面，国家煤电产业计量测试中心全面梳理工艺参数，转化为计量参数的共计 1032 项，进行分类和总结后整理煤电产业《校准项目技术需求表》，共计 134 项。测试中心按照筹建任务书中的规划已经有覆盖煤电产业校准项目技术 143 项，按国家质量监督检验检疫总局发布的《国家计量技术法规目录》统计涉及煤电产业直接相关的项目总数约 156 项，由此计算中心校准项目服务产业计量的能力覆盖率达到 91.67%。

（3）关键参数测量技术能力。

在关键参数测量技术能力方面，国家煤电产业计量测试中心（以下简称中心）组织技术人才，做好计量需求转化工作，全面梳理煤电产业生产过程中的关键技术领域工艺参数，通过对煤电产业进行计量需求分析，在梳理总结关键参数指标需求的基础上，汇总形成了《关键参数测量项目能力表》及其来源分析报告；中心已经有覆盖煤电产业关键参数测量项目 34 项；作为中心承建的单位，新疆计量院具有关键参数参量量传能力的装置（包括已建标和未建标装置），对关键参数测试设备进行校准的装置有 107 项。中心在突破传统计量的技术服务领域，开展专用测量仪器的计量服务 11 项，面向发电机组开展的诊断与预防性性能试验 35 项，开展发电机组启动调试服务 1 项，完成煤电及相关企业建标 34 项，培训 50 余家煤电化工企业 159 人次。

（4）全产品链计量测试服务能力。

针对全产业链计量测试服务能力建设，第一阶段中心以中游的煤电企业、电力实验研究所和电力工程公司为服务对象，对企业计量中心的计量器具开展量值传递服务，对电力实验研究所和电力工程公司的工作机具与测试设备开展计量服务，对生产企业的关键工艺环节开展关键参数测量服务。首先，为煤电企业、电力实验研究所和电力工程公司的计量器具、仪器仪表和传感器提供计量溯源服务，为其用到的机具、装备、工具和测试设备提供性能计量服务。其次，为它们开展关键参数测量能力建设。聚焦生产过程中的关键参数测量问题，为满足其工程产品生产过程中的可计量性和可测试性，由传统的实验室测量向在线测量转变、由静态校准向动态实时校准转变、由单一参数校准向多参数耦合校准转变、由独立的仪器设备计量向系统综合计量校准转变。

目前，国家煤电产业计量测试中心已服务煤电产业相关企业 1113 家，针对煤电企业开展的典型服务案例 16 项，针对辐射其他产业的计量测试服务能力开展的典型服务案例项目 8 项。

（5）产品全生命周期计量保障服务能力。

国家煤电产业计量测试中心通过对煤电企业生产工艺的五大系统核心测量参数进行筛选，筛选出关键参数中的主要代表参数，包括“温度”“电压”“压力”“电流”“流量”与“设备润滑油”等。制订了“温度”“电压”“压力”“电流”“流量”与“设备润滑油”等参数测量产品全生命周期计量测试保障服务方案。

通过对该测量产品全生命周期计量测试服务方案的实施，基本建立了从煤电企业的设计、生产、实验到使用维护全生命周期计量测试服务体系，为煤电关键参数涉及的计量器具、仪器仪表和测试设备提供计量溯源服务。这一能力实现了以下三个目标：①将传统计量服务的范围拓展到产品全生命周期，实现了计量从单点计量到立体支撑；②保障煤电生产中各个环节量值的统一和准确可靠，进而实现高效的分工协作，解决了目前国内煤电产业因计量和测试问题造成的在设计阶段和制造阶段差距较大、运行和维护阶段效能不高等问题；③建立全生命周期计量数据链，可在多环节大数据的基础上实现煤电全生命周期内的技术监督（可追溯、可报告、可核查、可比对）和可持续性改进，为未来智能电厂的数字化、智能化生产与诊断做好准备。

6. 存在的问题

产业计量自提出以来已经 10 年有余，顺应政策要求与实际经济需要，国家大力推广建设国家产业计量测试中心，一些省市均筹建了一批国家和地方的产业计量中心，尤其是在节能环保、新一代信息技术、生物医药、高端装备制造、新能源、新材料等战略性新兴产业，以及交通运输、邮电通信、物流仓储等现代服务业等重点领域，优先规划建设了一批国家产业计量测试中心。但是，在产业计量不断发展、融合产业生产的同时，也暴露出了一些问题，需要进行进一步的讨论与解决。

（1）计量数字化程度不足。

产业计量强调推动计量测试融入产品设计、研制、试验、生产和使用等全过程，推动产品制造的数字化、网络化、智能化和标准化。同时，国家产业计量开展的任务中要求加强数控机床、机器人、轨道交通、卫星导航等领域的精密测量技术研究，探索物联网、区块链、人工智能、大数据、云计算和 5G 等新技术在产业计量测试领域的应用，但目前这些技术在产业计量数字化方面的应用程度并不高。

以大数据应用为例，一直以来，限制大数据发挥的不是数据量巨大导致的存储、计算问题，而是对数据的有效采集和对数据的清洗及结构处理。在计量领域，对计量器具的测量往往是孤立、单一的，计量数据的收集也是各自为营，没有形成有效的联动，更不必说后续的数据挖掘与分析了。同时，在计量大数据应用的基础设施方面也有所欠缺，很多地区的数据分析平台建设才刚刚起步，不同区域之间的信息共享开放机制未有效建立，数据无法汇总形成数据资源。此外，由于技术限制，获得的计量数据往往结构多样，在结构化处理方面往往十分困难，难以有效发挥计量数据的价值。

（2）产业内仍未形成相对完善的计量体系。

目前新疆的许多产业尚未形成相对完善的计量体系，造成服务等应用产业缺少量值溯源和计量测试环节，难以保证各项产品数据的准确性、可靠性，在产品的质量和技术水平方面有所欠缺；应用性产品普遍存在缺乏计量手段和设备、首检或验收制度不健全、相关产品技术规范不完善、生产厂家计量意识淡薄、标准器具和测试方法不达标、计量专业人员配备不足、产品质量参差不齐等问题，尤其是产业中以许多中小型企业为主，缺乏必要的资金与力量进行计量方面的投入。

（3）产业计量数据采集工作深度与广度不足。

在广度方面，从企业覆盖率角度来讲，目前计量数据采集主要集中在大型企业的一级数据上，中小型企业由于缺乏必要的资本进行计量建设，往往没有安装计量测试设备，或计量测试设备较为老旧，性能与适配性较差，无法满足目前的计量需求；从产品全生命周期角度来讲，往往只能采集部分关键节点的计量数据，无法针对产品全生命周期进行立体化的采集。在深度方面，当前采集的许多计量数据仅包括企业的一级数据，二级、三级数据的采集仍受成本、管理等条件制约，采集难度较高，多领域、多参数测试方面无法达到相应的质量标准，测试精度方面无法指导当前的生产活动，测试手段和方法不够规范，整体专业化程度不够。

三、小结

当前全国各地能源计量大数据建设已完成了能耗数据在线监测平台的初步建设，并进行了一定的升级改造与应用。平台在建设及使用过程中采

集了大量能源消耗数据，具备了较强的能源数据采集能力，能够联网采集区域内重点用能单位的水、电、气（汽）、煤等多种主要能源消费数据，并能实时监测采集过程，为城市能源规划、能源资源调整和节能减排控制提供了依据与支撑。但在建设过程中，也存在着技术规范不完善、计量器具配备不足、数据应用程度不够深等问题，在之后的建设中主要任务应集中于数据采集的广度与深度拓展、能源计量大数据应用与服务模式的探索以及节能减排工作的进一步深化。

目前，我国计量数字化在产业计量方面的应用仍处于初步建设阶段，较为先进的一个例子是在煤电产业的应用，具体实施集中于建设国家煤电产业计量测试中心，以使其具备基本的产业计量服务能力。当前阶段的重点工作在于了解煤电产业测试技术需求，研究具有产业特点的量值传递技术和产业关键领域、关键参数的测量、测试技术，开发适应煤电产业特点的专用计量装备，研究服务煤电产业发电全流程全生命周期的计量技术、产业计量测试技术标准和服务标准，为服务产业发展建立有效的运行体系，探索产业计量服务模式，并借助煤电产业计量研究辐射到燃气、煤化工等其他产业。下一阶段的计划主要是对煤电产业计量进行数字化的升级改造，对煤电产业之外的其他产业开展计量研究以及“三全一前”的深化建设。

第六章　能源计量大数据与产业计量数字化探索研究

目前随着社会经济的不断发展，信息技术革新带来的数据要素为不同行业带来了巨大的变化，数据要素也成为一项重要的生产要素。计量行业作为社会高质量发展的基础行业，是保障经济发展以及民生利益的重要抓手。能源产业是我国重要的支柱性产业，能源产业的快速发展必然离不开能源产业计量的发展，"信息化、数字化、智能化"将成为能源产业计量的重要发展方向。本章将探索能源计量大数据与产业计量数字化发展。

一、加强计量数字化顶层设计与发展规划

（一）强化顶层设计和计量的战略地位

深入研究总结和学习借鉴世界主要发达国家计量数字化建设的成功经验，做好计量数字化制度的顶层设计，积极推进能源计量数字化发展纲要或规划的编制实施工作，将计量数字化发展纳入能源产业的发展战略，进

一步强化能源产业中计量的战略地位，特别是要将计量与创新驱动发展、供给侧结构性改革、“一带一路”倡议和建设质量强国等国家重点战略工作深度对接，在制定实施重大战略规划和政策措施时，同步考虑计量发展规划部署和建设，重点是将当前服务领域拓展到能源产业全链条与生产全过程，规划能源计量范畴，明确数字化目标，最终能够实现能源产业的转型升级，支持能源产业朝高端、高效、高质量方向发展。

（二）健全计量数字化发展机制

按照《中共中央　国务院关于开展质量提升行动的指导意见》中关于加强国家质量基础设施的统一建设、统一管理的要求，推进信息共享和业务协同，保持中央、省、市、县四级国家质量基础设施的系统完整，加快形成国家质量基础设施体系，统筹布局国家质量基础设施资源，推进国家质量基础设施统一建设、统一管理，健全国家质量基础设施一体化发展体制机制。充分尊重计量工作的统一性、法制的统一和量值的准确可靠性，建议对能源产业的计量数字化工作实施统一的监督管理。

学习借鉴美国、德国等国家计量体制的成功经验，由计量院承担地区计量工作行政管理职能，负责统一管理计量数字化工作。各市县设置计量行政部门，计量部门实行分级管理、地方人民政府与省级计量行政部门双重领导的管理体制。计量技术机构根据国家量值传递体系和各市县经济社会发展需要设立，避免低水平重复建设。

（三）完善计量数字化法律法规体系

计量法制的贯彻实施，一直是计量发展与管理、量值准确可靠和单位制统一的基本保障，同时也对我国经济发展、保护国家和消费者权益起到重要的支撑作用。当前，随着新一轮科技革命的到来，国际计量体系正在发生重大的变革。能源产业与数字经济的快速发展，对能源领域的计量法制体系建设提出了新要求。如何从法制层面进一步确立计量在能源产业中的战略地位，抢占能源领域计量竞争制高点，为地区计量数字化转型创造新活力和动力，需要站在新的起点上，重新审视和定位数字化发展对计量行业的作用，修改增补当前计量数字化法治体系。按照新时代经济社会发展需求，加强顶层计量数字化制度设计，明确计量管理和技术机构的设置、法律地位和职责，努力实现从单一计量器具监管向计量量值结果准确的转变、从计量检定向计量测试服务转变、从计量支撑向计量引领的转变。同步完善计量领域法律制度体系建设，确保各级技术机构与研究机构有充裕的经费保障，为计量数字化发展提供坚实的法律法规基础。

二、推进计量数字化理论与重点技术研究

能源产业计量的全面数字化不是一个一蹴而就的过程，想要实现现代信息技术在计量领域的深度应用与融合，离不开对计量技术的进一步深入研究。

（一）加速推进能源领域计量单位常数化与计量标准量子化研究

计量单位常数化即用基本的物理常数或定义常数来定义计量单位，而计量标准量子化是指，用原子能级跃迁出现的量子化效应设计并建造计量标准。区别于传统的实物标准，量子标准一般不容易受到物理、化学过程的影响。二者的目的都是为了让计量标准能够始终准确统一，不受外界因素干扰，以满足计量数字化时代对计量高标准、高质量的需求。通过对计量单位常数化与计量标准量子化的研究，保证计量单位与计量标准在数字空间中的数字主体上实现准确的复现，从而支撑数字化的测量。基于量子

效应和物理常数的量子计量技术是计量发展的重点方向，需要积极推进能源领域计量单位常数化与计量标准量子化的相关研究，重点开展能源领域的量子精密测量、量子传感测量技术、量子标准核心芯片与器件以及相关国际单位制量子化变革复现技术研究。

（二）加速推进计量仪器与计量技术现代化研究

所谓计量仪器现代化是指，数字计量时代的计量仪器应具有智能、集成、组网、微型、芯片化等特点。例如，嵌入式芯片级传感器可对智能制造过程中的量值实时向国际单位制溯源；嵌入式芯片级量子基准可实时把最高测量准确度赋予制造设备且保持长期稳定，实现对制造过程的准确感知和最佳控制，从而深度契合智能制造。

计量技术现代化是指，要实现诸如集多参量、高准确度传感器于一体的综合测量；抗干扰免校准的实时测量；物理量、化学量、生物量的极限测量等。实现关键计量测试技术突破，如极端量、动态量、复杂量、多参量；现场监测、在线检测、无损检测、快速检测；新材料、新器件、新工艺以及极端、复杂条件下的关键测试技术的突破，以满足数字计量时代的新需求。实现量值传递技术扁平化，打破传统量值多级传递传统方式，减少误差积累，提高传递效率等。

三、推进传统计量向数字化计量转型

（一）加强数字化计量基础设施建设

计量机构要建设与时俱进的5G、互联网、数据中心、移动智能终端、存储设备等数字化基础设施系统；建设数字化管理部门、数字化实验室、数字化后勤保障部门等；利用新一代数字化、网络化等信息技术，对传统的计量业务、管理、运营和服务模式等进行重新定义、表述和改造，要把相关的计量业务转化为计算机可以读取、存储、计算的数据、信息和知识；针对部分重点领域，加快基于协调世界时（UTC）的分布式可靠时间同步技术、时空敏感网络、传感器动态校准等数字计量设施建设。

（二）加强数字化计量技术体系建设

运用新一代信息技术及实验室芯片化技术等形成计量检定技术、校准技术、计量测试技术自动化、智能化、数字化、网络化检测模式，实现测量设备、测量数据、测量过程、测量结果与云端的交互与应用；将量值传递和溯源由实物的对比、检定和校准，转化为数据的对比、检定和校准，将仪器送往检测机构改为数据直接通过网络传输；运用新一代信息技术以及计量仪器芯片化、自动化、智能化、数字化、网络化等技术，实现面向企业等终端用户全产业链、全产品生命周期等关键计量测试技术创新；聚焦极端量、动态量、复杂量、多参量；现场检测、在线检测、无损检测、快速检测；新材料、新器件、新工艺；极端条件、复杂条件下关键计量测试技术等攻关。

（三）加强数字化计量业务流程建设

实现计量技术规范、检定证书与校准报告、型式评价报告等数字化、无纸化转型。基于二维码、物联网、电子签章等技术，对委托单、原始记录、证书报告、发票等进行改造，将整个业务过程"咨询—下单—检测—财务—售后"整体串联起来，实现客户服务流程的优化，全面实施电子委托单、电子原始记录、电子证书、电子发票、电子名片，实现业务的全流程无纸化。

另外，围绕实验室相关工作，在质量体系、日常管理等流程全面取消纸质模式，全程实现无纸化，将线下流程转入线上进行管理。同时打造移动检测平台，让检定员能够在外检定，并通过移动监测设备实时获取数据，数据传回平台服务器后系统自动出证，提高检测业务的整体效率与及时性。

（四）加强数字化计量实验室建设

使用云计算、人工智能、边缘计算、5G 等新一代先进技术，建设数字化实验室，实现与各类检测仪器的互联互通，实现智能化、联网化的检测模式，以及测量数据、测量设备、测量过程与云端的交互与应用；长期发展后可支持在线检测、远程检测等检测新业态。实现机构内部之间、机构与机构之间、机构与客户之间等各项计量业务活动的互联、共享、融通等，最终实现计量机构的全面数字化转型。

（五）加强能源领域计量科学数据体系建设

随着大数据技术的发展，大量不可量化的数据以二进制方式表示，使得不可量化的数据被纳入数字计量体系，计量领域进一步拓宽，要求计量行业进行数字化变革。在此背景下提出了计量科学数据体系的建设。科学数据作为当今时代最基本、最活跃的一类科技资源，具有客观性、多结构性、分散性、时效性、共享性、易传递性和再创造性等特征，贯穿于科技创新活动的全过程，其在科学研究过程中的重要作用和在知识创新中的战略地位已经得到越来越多的认同。中国计量科学院于 2019 年正式建立国家计量科学数据中心，该中心基于“准确、互认、开放、共赢”的理念，综合应用云计算、人工智能等新技术，开展计量科学数据收集、整理、存储、分析、挖掘等工作，发布权威的计量数据产品，为政府机关、企事业单位、科研人员等提供精准、安全、可靠、可信的计量科学数据服务，推动计量科学数据与多领域数据融合应用。

计量科学数据主要包括五大类：一是标准参考数据，一般由政府单位或科研机构等具有话语权的权威机构发布，数据来源高度可信，是经过专家评估、实验室测试等多种方式多次验证并严格评估后形成的数据，可以较为准确地表述现象、物体或物质特性；二是计量科研数据，一般是计量科研机构围绕计量科学进行科学研究后产生的各类数据经过一定方法汇总整理后形成的数据；三是计量基标准数据，是与用以保证测量结果统一和准确的标准器具、标准方法和标准条件的计量基标准相关的数据，是量值向下传递和向上溯源的本质表征，是量传溯源链正常运行的关键要素，也是国家的重要战略资源；四是计量检测数据，是通过检定、检测、校准等方式获得的与计量器具参数相关的准确性数据、原始数据及其衍生数据；五是计量信息数据，是通过各种渠道收集的，计量领域的科研、检测、市场需求等有效信息，是提供社会公共服务、推动计量行业和国家经济发展的重要信息资源。针对这五类数据，国家计量科学数据中心进行了大量工作，并积累了大量相关数据。

在此基础上，重点针对能源领域进行能源行业专题探索能源计量科学数据体系的建设。一是建立能源计量科学数据领域的管理制度和技术规范体系；二是对能源领域的数据进行采集、整理、清洗、挖掘及应用等工作；三是借助数据处理与管理技术，研究数据共性，由此构建标准参考数据、基标准数据、科研数据、信息数据、检测数据等能源计量数据库，最终充分发挥计量数据的应用价值，使计量数据在不同地区、不同领域、不同产业之间自由流通；四是建立能源计量检测数据服务中心，负责采集、整理、存储区域内能源计量领域的科学数据；五是开展能源计量科学数据共享和信息服务，推动计量科学数据广泛应用；六是培养计量大数据的高层次人才，推动省市间、国内外的交流合作与宣传，从而为社会提供精准、安全、可靠、可信的能源计量大数据服务，推动区域计量数据服务应用，促进科技创新，助力能源产业发展与计量数字化发展。

四、现代技术在计量数字化方面的应用

（一）建设能源计量大数据数字化运营平台

建设一个公共的技术服务平台是打通产业计量链上下游的关键。目前能源计量方面依赖能耗数据在线监测平台与能源计量研究平台，产业计量方面依托国家产业计量测试中心，二者缺乏贯通的有力中间渠道。可以通过建设能源计量大数据数字化运营平台，实现资源的汇集打通沟通渠道，从而为能源产业计量服务体系建设提供必要的平台保障。

通过建设协同机制完善的组织机构，大力推动大数据技术在能源产业计量中的应用，构建完善数字化运营管理体系，分阶段、分批次整合区域计量资源，搭建基础设施、数据资源、应用支撑三层平台，为地区能源企业提供服务。一是在基础设施层，建设统一的信息基础设施。二是在数据资源层，建设区域统一的计量数据中心，开展计量数据治理，创造性地提出建设数据中台，通过数据服务的方式打破数据壁垒。三是在应用支撑层，建设全国统一的数字化融合运营平台，为各级计量部门的业务应用和计量服务提供支撑。平台一般由计量测试研究院统一建设与管理，平台后续运营服务任务也由计量测试研究院负责。各省级能源计量大数据运营平台共同接入国家级能源计量大数据运营平台。在平台上，各部门和单位将根据统一的标准规范来满足其计量业务运营工作开展需要。在平台的支持下，以往由于跨部门和跨层级以及业务协同困难带来的数据共享问题得以解决。

（二）借助工业互联网标识增强计量数据的应用

目前能源数据采集与应用的过程中依然存在不少问题。比如当前的采集条件下，许多数据只能以单一格式传给平台，丰富的源数据只有少数被使用，如在能源热领域的热量计量方面，各户都有热量表，相关数据汇总到供热公司，只有一个用途即每天收集一个数据作为最终结算的依据。但作为个人用户，有很多场景分析的需求，如把阀门关掉一半那热量表的数据能够改变多少，移动端能够看到一天的变化量，是否可以与企业管理做对接，与能效管理关联，数据都存在但是用户无法获得数据附加价值，大数据的差异化应用不到位。除此之外，还存在采集设备常年不标定，数据不够准确，无法使用；很多仪表没有远传信号，难以获得实时数据；传输数据被干扰，可靠性存疑；传输数据被拦截使用，产权受侵犯等问题。

针对以上数据问题，通过引入工业互联网标识技术，可以大大提升这些数据采集与应用的效果，下面主要以供热表计为例展现工业互联网标识对计量数字化的影响。

1. 主动标识解析

以供热公司为例，在仪表上新增一个主动标识解析的功能（见图 6-1）。当用户方在需要调取数据时先从标识解析申请获取数据，系统会对用户进行评定，如用户是否在白名单里，是否具备此权限，如果身份符合规定，系统将此申请以命令的形式发给仪表。过程中对仪表的身份进行验证，保证了数据的真实性。仪表所含的数据种类多，如瞬时流量、累积流量、瞬时的脉冲数等，发送给仪表命令的同时还可以明确要求仪表以什么样的频率发送哪一类的数据，保证了多种类数据差异化实现传感器的数据直接到达另一端，对于供热公司可用于热结算、物业监控、能源管理，等等，对于个人用户可用于监督，对于计量单位可用于远程计量。

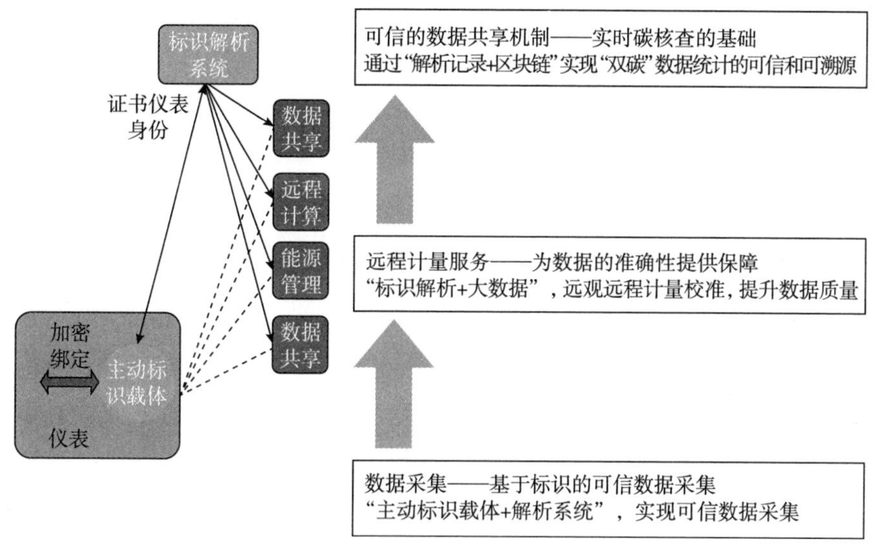

图 6-1　主动标识解析功能分析

2. 在线校准

工业互联网标识在计量上的重要应用是在线校准，目前我们使用的各类户表的校准存在很多问题，尤其是表计一旦被安装，就不会轻易拆除，使用多年的仪表会因本身质量或者外界因素的干扰导致不能正常进行计数，线下校准成本高昂，覆盖范围有限。对于计量机构而言，应用主动标准解析，可快速、精准获得相关能源计量数据，并通过比对分析，查找到异常仪表，进而进行校准。

例如，在楼门的总管路处安装一个标准流量计，各户的表计热量、流量数据之和应等于总流量计数，计量检定单位向标识系统发起调取数据申请，通过身份认证后，计量检定单位通过控制、比对表计，可以精准获得异常表计并且不影响其他管网的正常运行，尽可能缩小影响范围。另外，户表为了省电和压缩存储空间，基本按照一天一次的频率传出数据，但其内部是以秒为单位的脉冲数形成校准模式的，通过标识系统，针对异常表计可以快速、多次获得其相关数据，建立起脉冲校准模型，进而完成校准。

3. 远程核查

远程核查与在线校准应用相似，不同点在于远程核查是将楼门的总表进行校准之后与各户表计进行比对，但总表校准之后也不是标准计量器具，不能实现检定而是可以对表计进行核查，可用其筛选出较大误差的表计。原理是一个总表对应多个分表，经过调整不同流量表数值，对应误差也会在不同调整中体现，通过解列方程组即可判断出有异常的表计，方式成本也较低。该远程核查技术可以应用到电表、水表、燃气表等各类检测装置上（见图 6-2）。

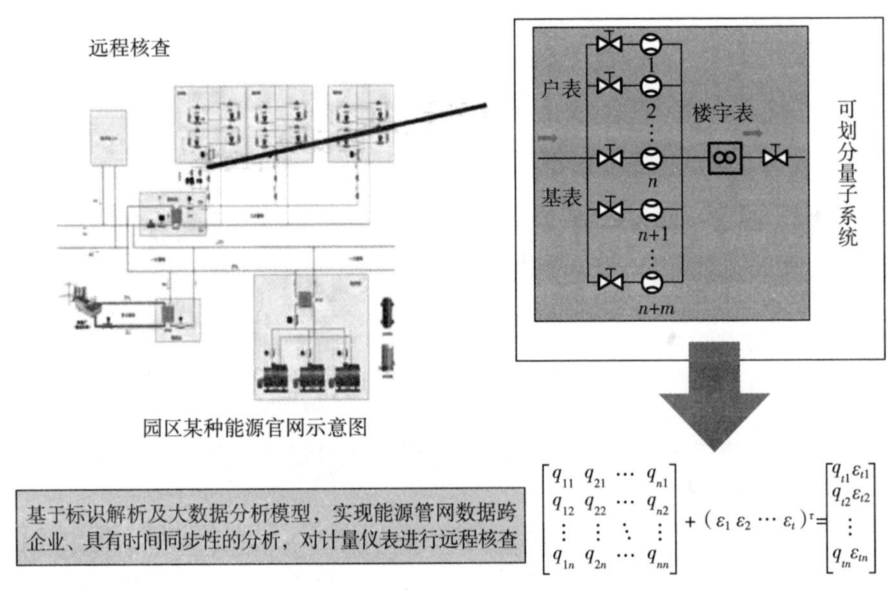

图 6-2 远程核查的实现

4. 数据梳理与诊断

热力公司有一个特点是管网的路线长，管网温度传递测量值反馈就需要间隔几个小时，分析数据的时效性就很重要，应用工业互联网标识可对各个监测点数据做梳理。例如针对热源，丰富的数据可以分析换热器的换热效率，提出改进的建议，实测改进的效果，也可以测量锅炉燃烧的状态，为输送调度提供评判。

（三）建设可信能源产业计量服务区块链平台

在计量检验检测业务的数字化过程中，如何保障虚拟空间中的检测报告合法性很重要。根据《电子签名法》，通过电子签章技术，可以轻松快捷地替代传统纸质签章，实现电子检测报告也能有据可查、有法可依。

通常而言，一个人不能既当裁判员又当运动员，在电子检测报告领域也是一样的道理，一家计量服务机构不能同时是一份电子检测报告的签发机构和验证机构。为了避免这种问题的发生，需要引入第三方数字证书机构，搭建“互联网+电子认证”技术的计量检验检测报告服务平台，借助该平台作为第三方为检测机构及受检单位提供实时有效的在线验证、在线核实服务，保障电子检测报告的公正性。

1. 业务逻辑构成

可信能源产业计量服务区块链平台是基于超级账本的分布式存储系统的分布式账本系统；应用第三方数字证书服务为本平台中所有实体提供身份证书的管理、身份的注册；应用 UTC 时间校准服务器为本平台所有区块链节点服务器提供 UTC 时间校准服务；应用数字签名技术生成计量数字检定及校准证书，提取相关实体信息，形成多个数据区块原始信息的数字检定报告、数字校准证书子系统（见图 6-3）。

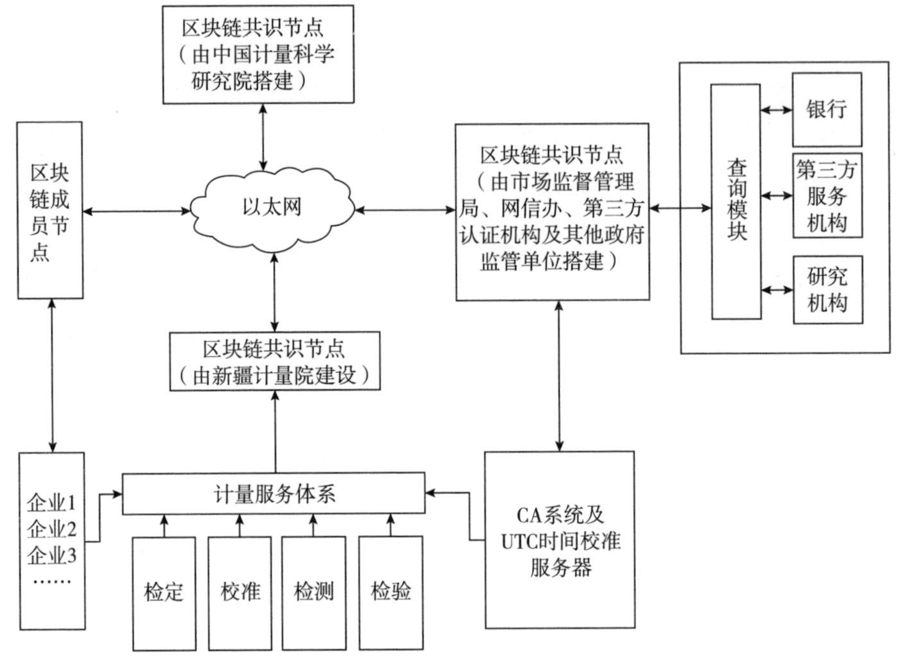

图 6-3　业务逻辑构成

2. 区块链节点构成

平台中区块链包含两种类型的节点：共识节点与成员节点，具备不同的权限及功能，以提高数据流通效率、数据计算性能及数据安全性。

共识节点通常由监督管理部门或主要管理部门进行建设并负责后续维护工作，具有平台全部数据，可验证成员节点计算内容的远程证明，并对写入数据账本的数据进行排序、共识和同步。共识节点还可向成员节点提供“合约级”数据隔离通道和跨链互操作功能，提高平台的安全性及灵活性。

成员节点通常由企业、业务部门或参与者维护，不参与联盟链的共识过程，数据依赖于一个或多个共识节点进行“合约级”同步，不需要同步数据账本的全部数据。成员节点可实现“函数级”数据加密与访问控制，

只存储和计算与用户自身相关的数据，因此大大减轻了用户的存储和网络压力，同时实现了敏感数据的物理隔离。

计量院作为共识节点进行底层区块链账本的共识存储与上层检验检测业务的运营监管，市场监督管理局、网信办、第三方认证机构及其他政府监管单位同为共识节点，进行数据的分布式存储，共同为链上数据背书并增加其公信力。

企业可部署轻节点，计量数据通过轻节点加密传输到共识节点进行联盟内共识，各机构节点间数据隔离且身份可靠、数据可信，只有上级相关部门才可解密查看。银行、研究机构、第三方服务机构、消费者等按需可从平台查询、购买相关数据服务。

3. 构造“一站式”计量云服务

目前随着时代的发展，云服务不断推陈出新，计量领域也在积极整合资源，以实现服务资源的集中化，最终形成资源集中、优劣互补、均衡有效的计量云服务市场。通过为目标企业提供全流程、全生命周期的计量检测服务，实现企业远程计量检测，降低企业成本。计量云服务平台未来的核心竞争力必然在于行业以及区域资源的整合，通过资源整合带来的信息优势，在提供计量检测服务的基础上提供体系规划、战略支撑、技术咨询、痛点分析等全方位的附加服务，大大提升了计量云服务平台的价值。随着计量云服务平台不断迭代，功能更加全面，性能有效提升，服务体系逐渐多元化，可为有计量检测需要的企业提供多元化、个性化、定制化的咨询服务。同时在服务开展的过程中，可以积累大量云服务经验，为进一步改善调整云服务平台提供助力，从而有针对性地实现平台服务能力创新改良。

（1）整体架构。

云服务平台整体架构如图 6-4 所示，基于底层基础设施搭建区块链基础平台，围绕底层基础平台到终端应用场景构建区块链服务层提供区块链服务，通过区块链服务能力支撑构建最上层区块链应用。

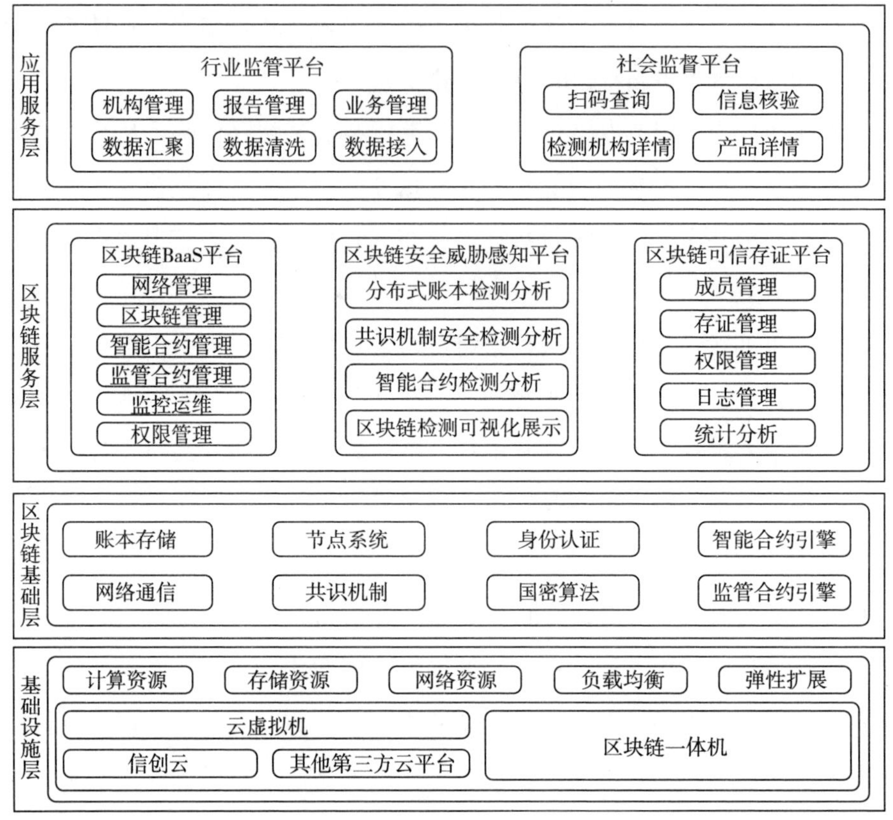

图 6-4　云服务平台整体架构

基础设施层，可通过云虚拟机或实体服务器的形式获取所需计算、存储、网络等资源进行上层平台的搭建。

区块链基础层，本层进行区块链底层系统的搭建，主要包括账本存储、节点系统、身份认证、智能合约引擎、网络通信、共识机制、国密算法、监管合约引擎等功能模块。

区块链服务层，本层通过构建区块链 BaaS 平台、区块链安全威胁感知平台与区块链可信存证平台输出底层链中的可信服务能力，为上层应用提供全方面支撑。

应用服务层，以底层区块链能力为上层应用赋能，主要包括行业监管与社会监督两大平台，为计量行业相关方提供有力工具与手段。

（2）具体功能。

计量服务平台由计量院运营维护，可通过平台对出具的计量服务报告（电子证据）等进行管理，同时具备社会监督平台的后台运营功能，如社会举报投诉、检查记录查询、产品评价、职业操守评价等功能。采用第三方服务机构部署实施的统一电子签章平台，根据《电子签名法》，通过电子签章的技术，可以轻松快捷地替代传统纸质签章，实现电子检测报告也能有据可查、有法可依。

社会监督平台设立在互联网端，向公众开放扫码查询、信息核验、计量机构介绍等功能，同时可在平台中进行产品的投诉举报，保护自身合法权益。

区块链 BaaS 平台是区块链自动化运维部署平台，支持区块链在虚拟环境、物理环境的多种自动化部署模式，能够极大提高数据资源的灵活使用程度，从而有效降低开发成本。平台应能提供一站式的区块链应用研发工具，具备可视化底层运维界面，为各节点运维机构提供便捷的管理手段。

区块链可信存证平台，是依托于区块链底层系统，建立集成员管理、存证管理、权限管理、统计分析等功能于一体的用链平台。平台与底层区块链对接，向用户提供可视化的操作平台和易用的功能接口，通过接口可直接与计量机构业务系统对接，实现数据可信上链与业务协同。

通过区块链安全威胁感知平台，可实现对联盟链中账本、共识、智能合约等方面的安全计量与威胁感知，防止技术人员对区块链系统的恶意破坏或违规修改，保证检验计量业务全生命周期的安全与可信。

（3）平台效果。

可信能源产业计量服务区块链平台将能源计量数据通过区块链进行存证，将计量检定全过程涉及的数据、检定时间、证书、照片或视频等存储在区块链上永久保存，无法篡改，计量服务报告通过区块链进行数字化，确保计量方法的真实可靠，确保仪器设备或者软件程序不被篡改，提高报告的公信度，扩大计量院服务的影响范围。

企业在使用区块链的基础上，产品从生产到流通，再到市场，所有的计量数据都会被上链存证，使产品在销售流通中增加了信任背书，减少了不必要的重复计量，可以节省企业成本，提升企业效率。

政府部门的业务部门与监管部门可作为联盟成员进入区块链网络，实现穿透式监管，实时动态获取企业的计量数据，而且可公开查询，通过分析链上真实数据对企业进行有效的监管与决策，异常情况发生时可快速定位责任主体与关键环节，快速进行问题响应。基于成熟的区块链质量溯源体系，有关部门可以掌握产品各个环节的生产数据，根据样品及生产过程中的真实数据进行综合分析，辅助决策。

产品用户方便查询到产品情况，能更好地保护自身权益。同时，用户可对产品进行真实评价，防止他人二次受骗，对于产品质量和检验机构也是一种社会层面的监督。

通过可信能源产业计量服务区块链平台，鼓励企业积极建设内部能源计量数据体系，强化能源产业计量数据标准治理，逐步形成计量数字化和数字化计量，实现能源计量与产业计量融合，从而打造能源全产业链统一、可信、可追溯的计量数据资产。

（四）建设企业内部能源计量数据采集与应用体系

在能源产业中，企业对产业计量的需求主要包括生产运行系统的实时在线监测与预警、设备的预防性试验、重点能源设备的关键参数计量、机具设备工具的性能诊断与优化以及计量数据分析与应用带来的数据价值。要满足上述需求，企业应建设自身的能源计量数据体系，以实现能源计量数据的多维度采集及应用。

1. 增补智能化计量仪器与设备

计量数字化需要将物理世界中的待测量对象通过数字化手段转化为数字世界中的虚拟对象，对象的精确描述依赖于多维度的数据，因此数据采集是计量数字化与计量大数据的第一步。通常能源企业的核心生产设备都具有大量的测量参数，如电厂的发电机组一组有各类测量参数2000多项，只看功率、主汽压力、主汽温度、给水流量、总煤量、汽包水位等主要参数也有20余项。由于计量数字化要求计量活动转化为动态、在线与多维度的计量，对设备计量数据的获取准度与维度的要求很高，而目前大部分能源企业数据采集依然停留在一级节点部分参数的采集上，因此企业必须增补足够种类与数量的计量仪器设备，如果条件允许，也可直接采购计量与生产一体化的智能生产设备，以满足计量数字化与计量大数据对数据采集的需求。

2. 建设智能化设备管理与控制平台

企业在数据采集的基础上，积极建设智能化设备管理与控制平台以方便发挥能源计量数据的价值。

（1）实时监测。

智能化设备管理与控制平台应能监视企业内各个生产单元的情况，实时记录设备状态，能通过大数据、云计算等技术对设备使用状况与运行状态做出及时、有效、精确的判断。同时，该系统应能对设备非正常情况做出预警，提示使用部门检查设备状态。如在化工企业进行包装线产品检测时，通常采用人工抽取称重的办法，该方法抽取的产品数量较少，无法有效覆盖所有产品，不能保障产品质量。借助数字化手段，可以建设数据库存储计量数据，并通过网络实时通信保障计量数据与生产过程的同步，由此产生的计量数据可以通过大数据技术进行数据分析，以综合判断计量性能变化，实现高质量实时计量检测。

（2）数据统计。

平台应能实现高度自动化，包括计量采集设备自动读取、数据自动统计分析，能够周期性地汇总特定时间段内设备运行情况，为能源统计面板提供一定时间内各能源消耗数据统计，从而帮助企业管理人员根据能源数据指标情况进行相应决策，形成一套策划、实施、检查、改善的全周期循环过程，为工作提供有力的数据支撑。

（3）参数调控。

联通能源计量数据与设备智能化控制数据，保证有关数据能够在不同控制系统间自由共享与调用。比如，能源企业一个常见的需求是进行设备性能监测，在应用计量数字化技术后，计量系统可以通过实时读取设备用能信息、产出信息等参数，并通过系统内部的数学模型进行分析，以判断设备性能情况，下一步根据分析结果对设备进行参数调控，方便设备调整参数或停机、更换与维修等。再如，衡量空压机效能的参数为气电比，计量系统把空压机用电量、产气量采集到系统中，通过能源分析系统计算出气电比曲线，设备自控系统根据设备效能曲线和气电比数值控制空压机的加减载，保证空压机在最优能效的状态下运行。

（4）设备控制。

平台应能支持智能化设备控制，能够根据设备基本参数、环境信息、能耗数据、生产需求等各类信息数据自主调控设备状态，系统借助微处理器中内置的智能程序对设备进行有效控制，以实现设备的效率运行。例如，通风空调系统根据气象站读取的温湿度自动控制新风阀门的开度；办公区照明根据照度和人员在场情况控制灯具开关，车间照明根据生产时间表控制照明灯开关；管理人员根据车间卷帘门开启时间管理物流运输秩序等。

（5）数据共享。

平台应支持对内对外数据共享。对内应能与企业生产、物流、采购、财务、销售等各个系统进行数据对接，实现不同系统之间的联合调动。不同系统之间的智慧联动能够让企业生产经营活动富有活力，能快速灵活地进行生产调度，并能随时对生产计划变动进行响应，有效提高生产效率。

根据初始设置，也可以根据情况自动调控生产计划与策略等以降低风险。对外则实现与省级或国家级计量平台数据共享，通过汇集产业能源计量数据，帮助政府及研究机构更好地进行产业研究与政策分析，促进行业整体发展。

3. 建设能源管理中心平台

随着当前节能减排需求的增加，如何实现能耗高效管理及管理成本控制已经成为能源管理的重要任务。企业作为能源消耗的主要单位，需要通过建设能源管理中心平台（见图6-5），构建企业能源管理标准化体系，完善能源监测及管控机制。在遵循企业安全生产、运行的前提下，基于水、电、气等多种能源介质数据采集分析处理，基于 ESP-iSYS、ERP、OA、DCS、MDM、ESB、PM 等大数据及信息化系统，构建能源监测、数据分析、能耗统计对比、能源优化调度、能源报表管理、综合能效评估、设备智能控制、信息安全管理八大模块，最终为企业、政府及行业监管部门提供可靠数据支撑及监控手段，为行业建立管控标准。

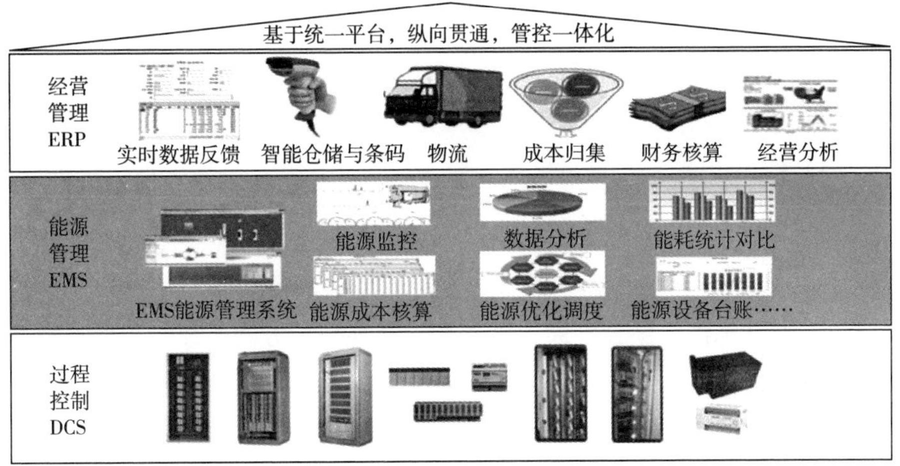

图 6-5　能源管理中心架构示意图

（1）能源控制。

管理中心应能实现能源数据的动态实时采集，通过数据处理平台分析实际能源消耗与实际生产计算的能源消耗量的差距，并优化调整系统参数，保证二者统一，根据能耗数据情况定期编制能源数据报告，以指导管理人员制订后续计划、管理生产活动、控制能源使用行为。

（2）能源协调。

能源协调即维持不同的能源媒介处于动态平衡状态，通过能源协调，按照生产要求、能源储量以及流量分析，将能源的供应调控在合理的区间，在覆盖生产经营活动能源需求的基础上，降低能源使用峰值，防止出现负载过重情况。

（3）能源质量。

借助能源数据采集与分析设备及平台，对能源使用的质量情况进行综合分析，跟踪能源使用路径，拟合用能趋势，提供质量警告等，帮助用能管理人员对能源质量进行控制，确保能源质量与成本可控。

（4）源指标。

根据企业生产经营活动情况，结合耗能情况与产品类型，针对性地制定相应能源指标，方便对能源生产数据、计量数据进行管理，帮助综合判断用能设备使用情况，方便管理人员进行能源效用评估与考核。

（5）能源预测。

采集积累大量的能源数据，通过平台构筑相应的能源数据库，对企业内各个用能点构建一套相应的数据运行模型，通过数据运行模型对用能点的生产运行状态进行综合判断，借助数学统计分析方法，预估用能点用能情况，判断可能的用能缺口或风险点，确定能源消耗趋势图。

（6）耗能设备管理。

平台应对能耗设备进行全生命周期的管理，通过设定设备基础参数，并在生产经营过程中不断采集设备运行与状态数据，构建设备全景图，支

撑设备实时运行调控，当设备偏离预定的状态要求时，及时提出设备预警并提供如设备重启等基础自检修手段，能根据检查情况生成设备状态报告，智能分析设备可能存在的问题以帮助维修人员开展后续的维修工作。

（7）能源成本核算。

在大量能源数据的支撑下，通过构建良好的成本核算模型，平台对能源的投入使用以及产出耗能情况进行评估，核算一定周期内企业的能源成本。

4. 优化企业能源管理体系

一是优化企业能源管理部门划分与岗位职责界限，指定有能源管理经验的人员担任能源管理核心关键岗位，提前制订相应的人员组织计划，评估标准能源管理与企业当前差异，判断人员情况是否能满足企业进行能源计量数据管理的需求。二是优化企业能源管理制度、标准和各类规定性文件，主要关注能源数据采集要求、流程、人员、统计、对标、仪器与设备管理等方面。三是积极进行能源计量数据采集与应用的宣传教育，以及相关的关键岗位培训。

五、小结

本章就能源计量大数据与产业计量数字化进行探索研究，提出从强化顶层设计和计量战略地位、健全完善计量数字化发展机制、完善计量数字化法律法规体系三个方面加强计量数字化顶层设计与发展规划。从加速推进能源领域计量单位常数化与计量标准量子化、加速推进计量仪器与计量技术现代化两个方面探讨推进计量数字化理论与重点技术。从加强数字化计量基础设施建设、加强数字化计量技术体系建设、加强数字化计量业务流程建设、加强数字化计量实验室建设、推进能源领域计量科学数据体系建设五个方面推进传统计量向数字化计量转型。探索现代技术在计量数字化方面的应用，包括能源计量大数据数字化运营平台建设、工业互联网标识增强计量数据应用、可信能源产业计量服务区块链平台建设、企业内部能源计量数据采集与应用等方面。

第七章　能源计量大数据与产业计量数字化运营研究

建设数字中国的目标包括构建数字技术创新环境、加强数字要素应用、持续推进数字化转型、丰富完善数字治理体系建设、探索数字经济对经济发展的推动作用、优化数字政府管理体系、提供数字社会可持续发展动力、构建优质的数字生态体系。能源计量大数据与产业计量数字化运营是实现这些目标的重要组成部分。当今世界局势复杂，技术革新迅速，我国提出构建双循环发展体系，即以国内循环体系为主体，国际循环体系为辅助，二者共同推进、相辅相成，在国内循环体系中，如何优化改善营商环境、维持投资市场活力是一个重要研究主题。通过数字化运营实现模式创新，能源计量大数据与产业计量数字化融合发展有助于能源领域数字化运营能力提升。

一、能源领域数字化运营目标、范围及服务对象

（一）运营目标

能源计量大数据与产业计量数字化融合运营将通过对各类用户用能情

况进行监测，采集汇聚能源数据，实现能耗管理与能效分析，帮助企业加强对自身的能源精细化管理，降低用能成本，为综合节能提供数据支持，符合中央及地方节能减排要求，帮助落实国家节能减排政策，提高计量测试研究院对重点用能单位的能源使用、能源消费以及能源控制的管理水平，对推动国家企业能源资源监督管理、能源资源有效配置提供支撑。

能源计量大数据与产业计量数字化融合运营的一个大目标是依托数字化平台工具能力的提升，打造数字化的能源计量与产业计量的服务链，面向能源产业全产品链与能源产品全生命周期，提升量值传递能力、关键参数测量能力、计量科技创新能力，实现能源计量大数据和产业计量数字化的融合发展。运营过程中要符合“提高服务质量、提升效率、降低成本”这三个基本要求，具体目标包括：①实现能源计量与产业计量数据与业务的平台化。通过建设能源大数据数字化运营平台，将区域内重点用能企业的能耗数据、计量器具数据、传统的计量业务进行平台化归集，强化能源大数据挖掘以及产业计量的关联分析，应用算法、结合专家与研究人员的经验及研究，推动计量数字化与智能化进程。②实现能源产品的全产品链与全生命周期的数字化展现。实现能源产品从生产到使用的全过程数据溯源，能够对必要产品进行数字化展现，并提供相关数据的可视化展现，为进行能效分析、节能管理、政策制定提供依据与支持。③实现计量服务效率与计量效益的提升。以集约化为导向实施数字化转型，通过梳理区域内能源计量产业情况，统一计量服务流程与制度，提高生产效率。④充实服务人员体系，实现能源领域与计量领域的人才集中，发挥复合型人才优势，建立集中共享机制，实现计量创新水平的提升。

（二）运营范围及思路

能源计量大数据与产业计量数字化运营范围按照现有计量服务内容，主要价值导向包括：①提升计量服务质量，增强能源计量量值传递与关键

参数测量能力；②赋能市场，提高用户价值；③提升计量服务效能，节省计量成本；④为能源与计量领域提供管理与政策支撑，促进能源与计量产业发展。

能源计量大数据与产业计量数字化的应用应紧密围绕上述服务价值，以业务场景为驱动单元，前期可选取较成熟的场景加入服务流程，以点带面，后期逐步丰富应用场景，涵盖整个区域内能源计量产业的数字化运营与管理。针对这四类服务价值，运营思路如图 7-1 所示。

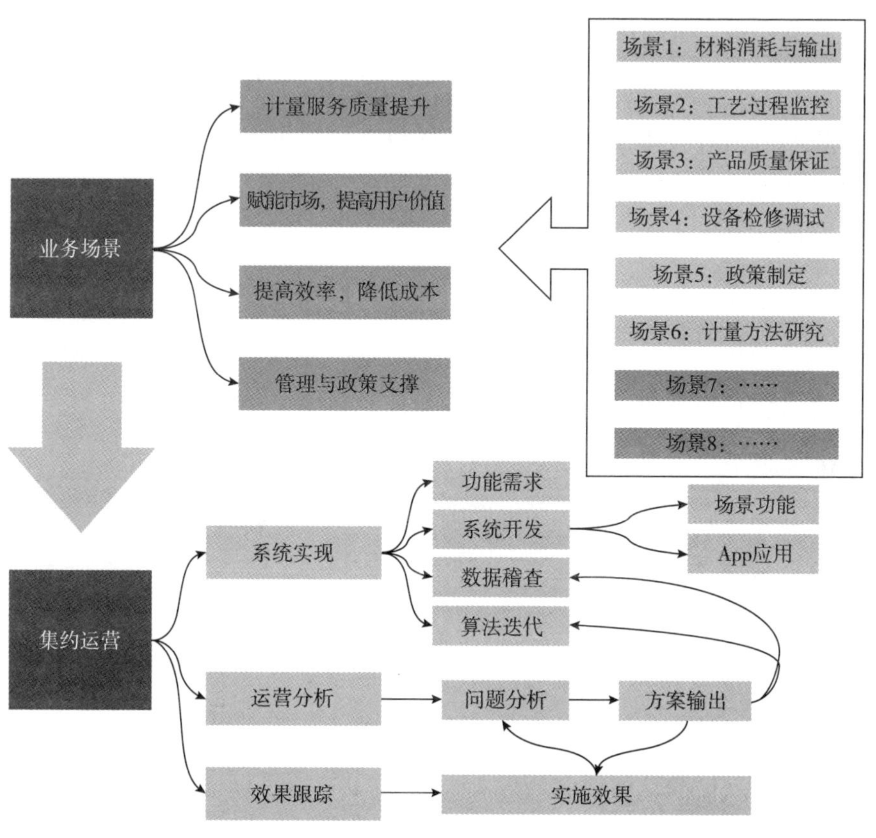

图 7-1　数字化运营思路

根据各个应用场景的特点，确定是否围绕上述四点服务价值，最终确定必要的业务场景，在业务场景确定后，针对场景提取功能需求并进行相应的系统开发；当场景功能上线运行后，需要继续对场景进行算法与机制的不断迭代调优，提高对实际服务的支撑力度，降低重复劳动量，提高生产效率；最后根据业务场景特点进行运营效果跟踪，从中发现存在的运营问题并给出相应的解决方案，以此循环达到持续运营的效果。

（三）运营服务对象

运营服务对象根据服务主体大致可以划分为政府、企业以及公众三大类。不同服务对象的特点不同，需要针对三类服务对象分别确定运营服务重点与核心逻辑。在分析不同服务主体所处的应用场景基础上，研究服务对象需求差异，探索三者之间的共性与个性，以整体协同、系统推进为原则，建设能源数字化运行服务体系（见图 7-2）。

政府更多的是在宏观管理监督以及研究规划上有需求，因此对于政府的目标定位主要在于能源用能总量计划以及能源行业发展的规划制定，重点在于如何应用大数据技术精确描述能源产业发展模式，以保障能源产业整体有效发展，提高政策决议的科学性、合理性。应用场景主要包括区域行业能源数据收集、用能预警、能源发展计划管理、重点用能单位能耗在线监测系统建设等。

企业一般以提高生产效率、降低成本为目标，主要需求定位是如何进行能耗设备管控、如何平衡能源管理的成本与效益、如何让能源数据指导生产建设活动等。应用场景主要在企业能源管理体系建设、用能预警、用能质量控制、能源数据分析等方面。

公众对能源领域的需要主要体现在公共服务的提供上。其主要需求定位是如何让能源数据应用到日常生活中，能够便利公众进行绿色生活与消费。应用场景主要包括大数据信息查询统计服务、便民服务等。

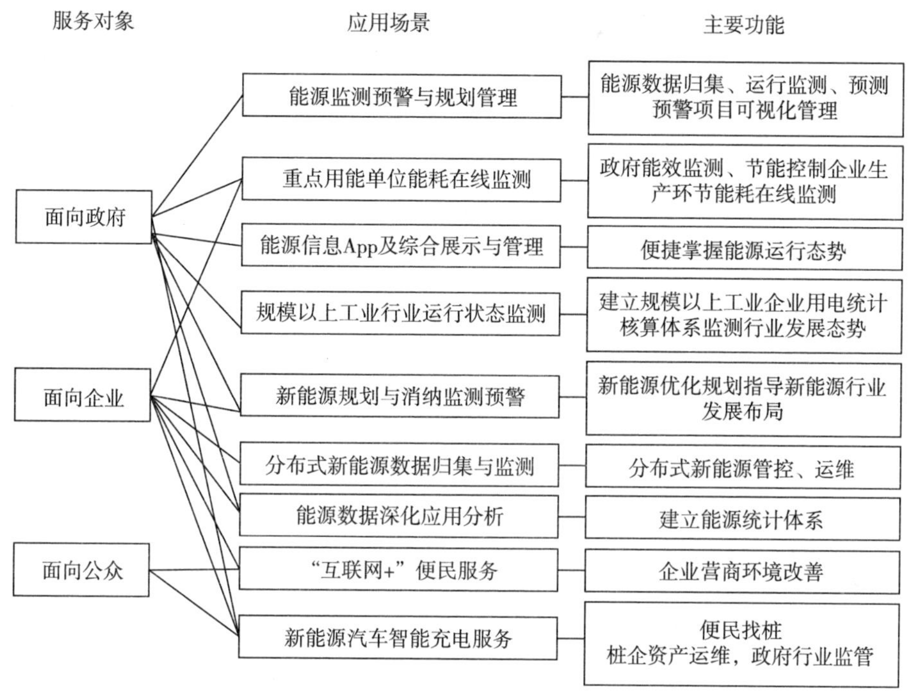

图 7-2　运营服务对象分析

二、能源领域数字化运营平台建设

推进能源计量大数据与产业计量数字化融合运营，技术核心在于三大工作的开展：一是持续推动数据资源基础设施建设；二是持续推动数据产业发展与数据资源获取；三是构建协同创新的业务应用体系。优化完善运营组织机构，构建持续化的运营管理体系，集中推动能源计量大数据与产业计量的深度融合应用。采用分批次、分步骤的方式，整合现有基础设施与数据资源，充分利用现有信息技术手段，建设数字化运营平台，构建覆盖能源计量领域的数字化运营体系，从国家、省、区、市、县等各个层面提供能源计量大数据应用与数字化服务。平台建设应紧扣三大核心：一是在基础设施层，部署数字化基础设施。二是在数据资源层，建设全省统一的计量数据中心，开展计量数据治理，创造性地提出建设数据中台，通过数据服务的方式打破数据壁垒。三是在应用支撑层，建设全省统一数字化融合运营平台，为各级计量部门的业务应用和计量服务提供支撑。平台建设与管理的主体建议为各地区的计量研究院，后续的平台运维以及运营可以委托有经验的第三方运营机构与计量研究院共同承担。

（一）总体概述

平台工具是实现能源计量大数据与产业计量数字化运营的核心竞争力，能源计量大数据数字化运营平台需具有可视、可控、数字化、智能决策的功能，实现能源计量大数据与产业计量数字化的融合，打造支撑能源计量产业发展的集约化平台运营体系，实现能源计量全生命周期管理、全产业链溯源（见图 7-3）。

服务架构描述了整个平台架构建设思路及原则，主要内容特点包括：①建设能源数据从采集、整合、处理、挖掘到分析应用的全流程体系，统一结构化与非结构化数据表达，构建能源数据开放共享机制。②结合产业生产特性，构建能源大数据分析应用体系，满足能源生产与消费控制管理需要。③贯通能源市场全产业链，构建能源数据产品产业链，提供多元化的能源数据产品或服务，为能源生产改进与产业结构调整提供支撑，提供数据应用支撑，为分析经济趋势、能源缺口、碳排放目标实现等添加助力。④在能源数据应用领域，促进政府、企业、公众、研究机构等多方主体协同创新、共建共赢，发展持续有活力的能源数据服务模式。

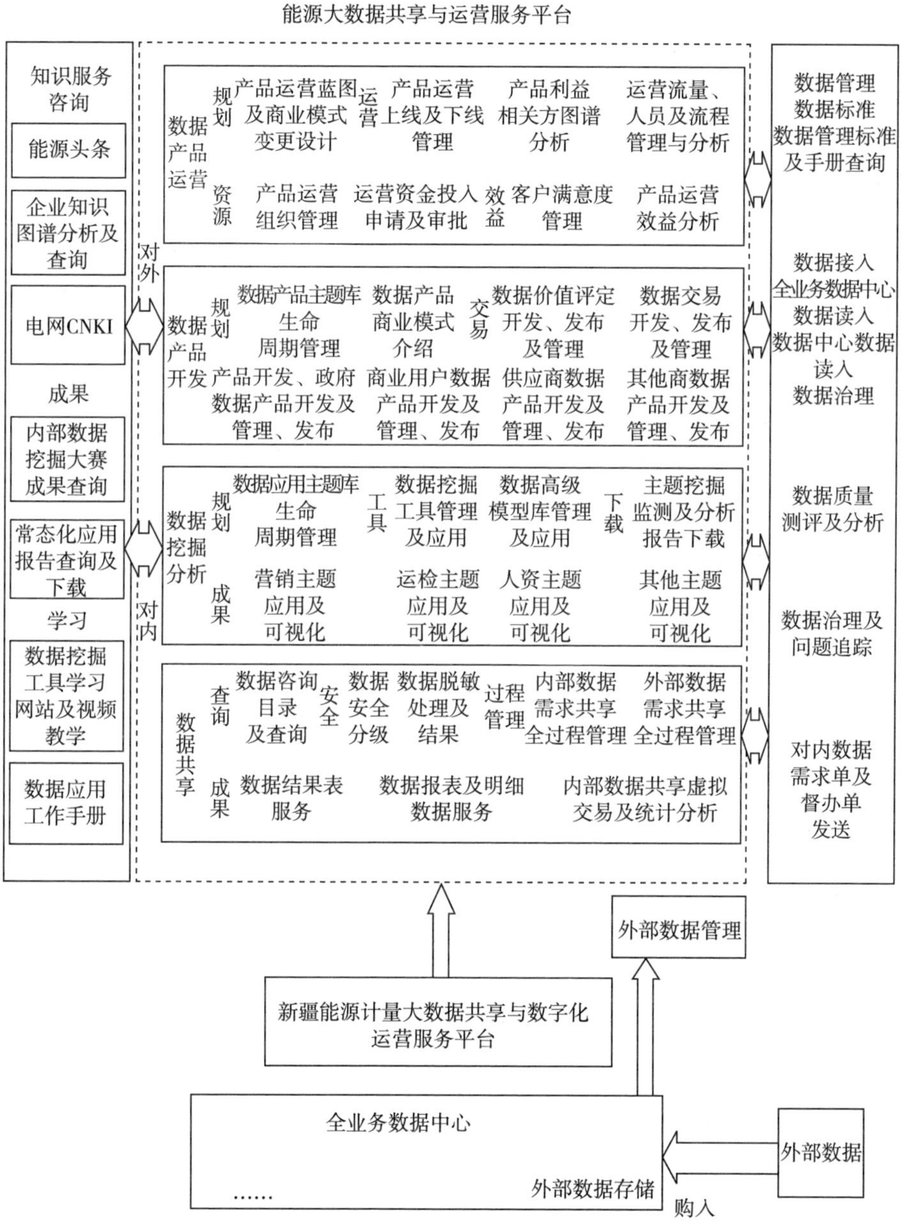

能源大数据共享与运营服务平台

知识服务咨询
- 能源头条
- 企业知识图谱分析及查询
- 电网CNKI

成果
- 内部数据挖掘大赛成果查询
- 常态化应用报告查询及下载

学习
- 数据挖掘工具学习网站及视频教学
- 数据应用工作手册

对外

对内

数据产品运营
- 规划：产品运营蓝图及商业模式变更设计
- 运营：产品运营上线及下线管理；产品利益相关方图谱分析；运营流量、人员及流程管理与分析
- 资源：产品运营组织管理；运营资金投入申请及审批
- 效益：客户满意度管理；产品运营效益分析

数据产品开发
- 规划：数据产品主题库生命周期管理；数据产品商业模式介绍
- 交易：数据价值评定开发、发布及管理；数据交易开发、发布及管理
- 产品开发、政府数据产品开发及管理、发布；商业用户数据产品开发及管理、发布；供应商数据产品开发及管理、发布；其他商数据产品开发及管理、发布

数据挖掘分析
- 规划：数据应用主题库生命周期管理
- 工具：数据挖掘工具管理及应用；数据高级模型库管理及应用
- 下载：主题挖掘监测及分析报告下载
- 成果：营销主题应用及可视化；运检主题应用及可视化；人资主题应用及可视化；其他主题应用及可视化

数据共享
- 查询：数据咨询目录及查询
- 安全：数据安全分级；数据脱敏处理及结果
- 过程管理：内部数据需求共享全过程管理；外部数据需求共享全过程管理
- 成果：数据结果表服务；数据报表及明细数据服务；内部数据共享虚拟交易及统计分析

数据管理
- 数据标准
- 数据管理标准及手册查询

数据接入
- 全业务数据中心数据读入
- 数据中心数据读入
- 数据治理

数据质量测评及分析

数据治理及问题追踪

对内数据需求单及督办单发送

新疆能源计量大数据共享与数字化运营服务平台

外部数据管理

全业务数据中心

外部数据存储

……

外部数据

购入

图 7-3　平台服务架构

（二）功能规划

能源计量大数据数字化运营平台具体建设内容包括整体可视化、平台核心及数字化运营三个模块。

1. 整体可视化模块

主要提供能耗数据的可视化展示，包括：①区域间高能耗企业空间格局分布图，以区域地图的形式展示各区域高能耗企业的分布情况。②区域间高能耗企业能耗消费空间分布图，按照能耗消费总量和消耗类型两种维度或按照年度、季度、月度、天或者某一时间点展示相应数据在地图上的分布情况。③区域间高能耗企业碳排放空间分布，可按季度、年度展示高耗能企业碳排放空间在地图上的分布情况。④其他数据可视化展示。

2. 平台核心模块

主要包含“数据中台”“业务中台”和“计量 App 应用”体系子系统的构建。

（1）能源计量大数据与产业计量数据中台模块。

数据中台主要是对采集获取的数据进行整合与加工处理，释放数据价值，在业务开展中融合数据应用，改良业务模式，提高生产效率。主要包括：一是计量器具数据系统，主要实现计量仪器信息管理、客户信息管理等。二是能耗监测数据系统，主要汇集能耗监测数据，主要包括综合能源消费量数据、煤炭消费量数据、工业总产值数据、能源消费总量数据、电力消费总量数据、万元工业产值综合能耗数据、碳排放核算。三是产业监测数据系统，主要包括三方面内容：①能源企业发供电等生产设备数据监测，如对供电生产设备数量、主要参数、质量进行监测；②能源企业发供电等生产设备运行状况监测，如从电能质量、热工、电测仪表、继电保护、节能、振动和特种设备等方面对电力设备的运行状况进行监测；③能源企业计量设备与仪器仪表监测，对生产过程中涉及的计量设备与仪器仪表的

准确度和量值可靠性进行监测。

（2）能源计量大数据与产业计量业务中台模块。

业务中台主要针对业务内容改进提供相关的计量测试服务，以及涉及量值目标应用正确性的测量技术需求服务。提供从上游到下游的全产业链技术服务；提供从设计、生产、实验到使用维护全生命周期的技术服务；提供从基准到计量标准，再到计量器具，最后到测量量值应用正确性的全溯源链技术服务以及为未来发展趋势提供前瞻性技术研究。

主要包括中国新疆计量院传统业务与升级业务，传统业务模块能提供传统计量检验测试服务，支持对计量检测业务信息的录入、检校验证书报告的生成和质量标准体系的建立等；升级业务依托于能源计量数据的数据挖掘与知识输入，以能源计量大数据为基础提供各类数据产品以及数据应用，主要用于节能减排、企业增值增效、提高生产质量等方面，同时支持企业提出需求，从而提供相关的定制化服务方案。

（3）能源计量大数据与产业计量 App 应用。

此模块主要围绕能源行业计量需求开发与发布各类 App 应用，涉及计量院检校验业务管理应用、长度测量仪器计量校准应用、热工测量仪器计量校准应用、力学测量仪器计量校准应用、理化测量仪器计量校准应用、工程测量仪器计量校准应用、流量测量仪器计量校准应用、衡器与加油机测量仪器计量校准应用、交通测量仪器计量校准应用、电学与时频测量仪器计量校准应用、医学与电离辐射测量仪器计量校准应用与计量院检校验客户服务应用等。

3. 数字化运营模块

主要针对政府端、企业端与公众端分别提供不同的能源与计量服务。

（1）政府端。

政策制定，包括企业级、区级、行业级的政策制定服务；能耗管理，提供能耗数据查阅、能耗数据监督、能耗数据分析与能耗数据管理服务；

能效分析，提供能耗企业对标、节能减排效能分析、工艺流程优化方案、提质增效的路径、碳达峰时间表路线图等服务。

（2）企业端。

主要提供能效对标、能效诊断、能效核查、服务解决方案与个性化服务。

（3）公众端。

公众子系统面向社会公众提供动态发布、节能技术、政策法规、资格申报、咨询互动数据规划等服务。

三、能源领域数字化运营模式分析

（一）服务模式研究

1. 能源计量服务层次

通过对能源计量领域进行探索与挖掘，对能源行业全产业链的用户进行全面分析与合理归类，并对各类用户的实际需求进行梳理后，总结出能源产业对计量的需求。一般的用能单位与产能单位在关于计量测试能力服务方面对能源行业的计量服务层次分为三个层面：

（1）计量。

包含检定、校准、测试和检验服务。该服务的主要对象是用能单位与能源生产单位的各类标准装置以及检测设备，包括用于第三方监控的仪器仪表，如质量监控和排放监控的仪器仪表。主要目的是保证检测设备量值传递和技术装备工作的准确可靠以及各类产品的质量检测。

（2）检修服务。

主要服务对象是用能单位的各项参数测量传感器，以及检修公司的部分技术装备和检测设备，保证传感器工作的准确可靠，以及检修公司的技术装备和检测设备工作的准确可靠。

（3）调试服务。

主要服务对象是调试公司的部分技术装备和检测设备，保证调试公司的技术装备和检测设备工作的准确可靠，也包括用能单位或产能单位在运行阶段中的设备异常测试以及停用/备用和技术改造活动中设备的测试与调试活动。

计量技术机构以及研究机构在计量科技创新能力服务方面应该围绕上述三个层面做好内容的计量科技创新能力建设，主要包括产业特色与计量相关的测量方法研究与创新、产业特色与计量相关的测量装备研制与创新、产业特色与计量相关的技术规范编制与创新等。

2. 能源计量服务模式

通过对上述服务需求与服务能力的梳理与分析，整体上将计量服务的服务模式划分为基础数据、产品服务以及解决方案三种类型。

（1）基础数据类。

关注用能单位的能耗数据、设备及仪表器具的检测数据以及状态数据，对这些数据进行整合、清洗后，按不同主题分类形成数据池，并构建模型进行数据整理，设计对应的数据查询接口，供需求方查阅、统计与分析使用，如高能耗企业能耗消费情况、碳排放空间分布等，协助实现能耗检测与节能减排的目标。

（2）产品服务类。

提供对计量器具、仪器仪表与传感器的计量溯源，对用能单位与产能单位的机具、设备、工具与测试设备进行性能检测、诊断以及关键参数的计量服务，并可以提供在线云评定与云计算等创新服务，针对部分重点领域进行专题研究，重点分析用能数据与计量数据，形成系列相关报告，供需求方使用。

（3）解决方案类。

根据不同用户的生产经营情况，在获取用户核心需求的基础上，针对性地制定个性化解决方案或计划，如拥有大量同种类仪器的产能企业，往往没有足够的成本对这些仪器或仪表进行现状校准工作，针对此类企业可以研究对方的仪器仪表，分析探索远程校准与在线校准的可能性，最终实现仪器仪表的非现场校准，并提供相应的校准规范。

（二）盈利方式研究

1. 数据接口服务

开发数据接口，用接口的形式向企业、研究机构或第三方服务机构提供高质量数据服务，包括数据查询、数据统计分析、数据挖掘等，以查询次数、按年打包等方式收费。

2. 数据分析服务

为企业提供数据分析和智能转型服务，通过链接能源工业企业和第三方行业专家和应用开发团队，为能源工业企业提供数据分析需求梳理发布服务；为第三方服务团队提供在线分析协作工具和数据存储、分析、应用托管环境。向能源工业企业提供云计算和大数据诊断咨询、分析专题试点、应用系统开发集成服务。

3. 测试技术服务

通过为企业提供仪器仪表测量、关键参数测量、全产业链与全生命周期的计量测试服务，满足企业基本计量需求，为企业完成相关诊断与预防性能试验，对重点用能设备进行性能测试与调试，提供企业建标与培训服务，通过测试技术服务实现创收。

4. 定制化服务

依托计量院的资源为各类用户开展深入的定制化服务，如提供全生命周期的定制化计量服务，在企业建设、生产、维护等各个阶段为企业提供前期计量规划编制、设备选型、企业建表、企业计量体系搭建、计量人员培训等服务，也可以针对企业的特别需求进行计量设备的研发、升级与改造。

5. 数据产品服务

针对政府机构或能源企业，结合社会经济发展背景，研究某一行业、领域的核心业务，提供相应的数据专题研究服务，在大量数据基础的支撑下，探索发展现状、解决方案等，出具相应的专题系列报告，将数据转化为数据产品，释放数据价值。可按产品单价计费、按会员制订阅服务收费，对部分特殊用户可采用免费发布形式。

（三）商业模式研究

1. 平台计量服务

通过能源计量大数据数字化运营平台的建设，整合能源计量与产业计量服务资源，建成集能源数据展示、计量技术服务窗口、计量 App 协同于一体的多功能统一门户，实现计量检测与能源对标等活动的统一对外服务，与各相关政府单位、能耗企业、检测机构、调试机构、设备制造商等共建服务超市或市场，共享网络管理资源，在平台上提供资源的用户可以对其他租赁或使用其资源的用户收取一定的使用费。

2. 数据产品运营服务

通过不断积累汇聚能源计量数据，形成能源计量大数据后可以转化为数据产品，能源计量大数据产品按照产品形态可划分为三大类，包括原始数据产品、处理后数据产品以及数据研究分析产品。原始数据产品和处理后数据产品一般是借助大数据分析等技术手段通过平台生成，人工参与少，输出质量标准统一，以数据接口等方式直接提供给需求方。数据研究分析产品需要由专业人员接入，在全面分析客户个性化需求的基础上，提供定制化的数据研究分析服务，生产出数据分析报告等类似数据产品。原始数据产品、处理后数据产品由于生产环节少，流通便捷，可以通过数据产品市场快速形成交易产生收益，而数据研究分析产品则可以通过项目采购的方式达成交易，以保障数字产品质量。

3. 专项咨询服务

在掌握大量能源数据与计量数据后，针对重点领域，形成研究专题，通过联合相关政府单位、企业、学校与研究所等研究机构共同推出专项研究，实现对重点领域的产学研协同突破，并形成专题分析报告、专利、试做品等各类成果。借助能源计量大数据数字化运营平台，将成果提供给有需要的采购方，也可为需求方专门进行某领域的专项研究，从而获得补贴、委托或咨询费用等。

4. 资源环境租赁服务

数字化运营的基础是数字化建设，运营方往往具备一定规模的数字资源及资源处理环境。由此可以提出资源环境租赁的商业盈利方式，通过将现有数字资源或资源环境对外开放，为第三方机构、科研院所、企业、高校等研究活动提供环境支撑，使资源得到充分利用与有效配置，在社会层面贯通产业上下游，实现资源自由流动，构建产学研一体化的创新发展环境。租赁方可以通过收取一定的租赁费用或进行项目研究投资获取收益。

（四）“1+2+N”运营机制分析

数字化以先进的信息化技术赋能计量服务运作于全产业链，让数字资源在产业链中自由流动，推动业务模式创新与流程改进，强化企业数字化智能应用，降低传统要素依赖，有效减少市场波动带来的风险。要保持服务体系持续运营，不仅要依靠数字化与智能化等技术，还需要维持可持续发展，以不断创新的思维进行运维体系的搭建，基于该思维，构建持续运营机制（见图 7–4）。

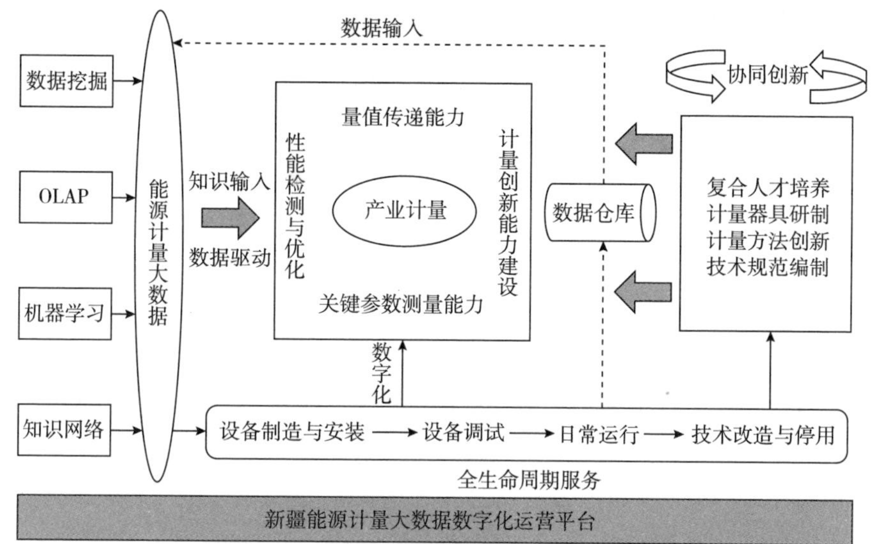

图 7-4　运营机制体系

该机制可以基本概括为“1+2+N”模式，其中“1”代表以能源计量大数据数字化运营平台为基础，相关的服务、数据都将汇集到该基础平台；“2”代表围绕能源计量大数据与产业计量数字化这两个业务中枢开展相关的业务活动；“N”代表人才培养、器具研制、方法创新、规范编制等可以持续创新增强的有生力量，通过这些协同创新要素，不断为业务中枢提供新活力，保障业务与服务质量的不断提升与规模的不断扩大。

典型能耗企业用能场景下，从该企业设计规划、建造、投产、运维到改造或停用，会源源不断地产生各类能源与计量数据，同时也会产生各种计量需求。数据通过采集、清洗、挖掘最终形成能源计量大数据，一方面作为知识输入与驱动转入产业计量业务系统；另一方面直接形成各类数据产品，满足企业能源对标、能耗管理、能效分析的需求。在能耗企业的全生命周期中，将设备、仪器仪表等借助合理的技术手段进行数字化，构建出对应数字世界作为计量数字化的基础，产业计量业务系统协助推进数字化进程，可以相应地提供量值传递、性能检测优化、关键参数测量等测量技术服务。协同创新部分，企业在日常经营过程中产生的问题与需求都可以作为创新的起始点，通过对人才的补充培养、设备的研制开发、计量方法的创新等，整个运营体系随着市场环境、商业机遇、技术发展等的变化不断发展，推动整个运营体系从数字化向更高级、更智能迈进。

四、能源领域数字化运营应用价值创造挖掘

数字化运营是现代信息技术在传统行业领域应用的必然，也是数据要素充分发挥价值的体现。数字化运营要求构建以平等、开放、协作、共享为核心理念的机制体系，通过减少核心主体依赖，降低中介参与，实现短时频、高效率的价值发挥。当今社会信息化、数字化往往是产业或企业转型发展的突破口之一，通过将现实空间中的信息转化为虚拟空间中的数据，将物理空间中的信息处理流程、方法、思维方式转化为数据空间中的数据挖掘分析方式，极大提高了信息处理与分享效率，形成了新的生态体系。在此基础上，数字化推动行业产业转型产生的隐形价值需要通过数字化运营转化为显性价值，在组织架构、业务流程、销售策略、运营模式等方面多角度、多层次综合体现。数字化运营推动转型升级变革主要从企业内部与外部两个角度出发。其中，对内表现为借助信息技术将企业生产经营活动转化为以数据为核心的智能化控制活动，在管理模式上同步更新，借助智能化手段辅助决策，提高业务开展质量与经营管理效率；对外表现为通过互联网技术，打破传统信息壁垒，促进不同行业与企业之间的信息交流，推动资源向更适配的方向流动，共同构建互利互惠、合作共赢的行业生态体系。数字化运营模式的价值体现如图 7-5 所示。

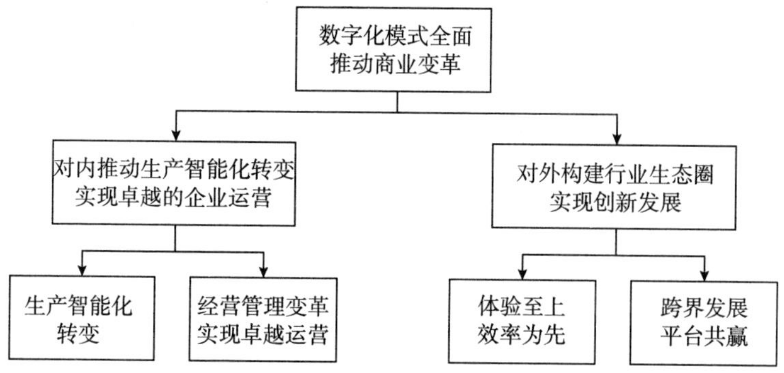

图 7-5　数字化模式价值

（一）降本应用价值

能源计量大数据数字化运营在企业降成本应用领域中，主要以工业企业的能源交易、设备运维、资产管理等为重点应用领域，均可通过能源数据提供降低成本的依据，利用能源数据报告提供相应能源交易、设备运维、资产管理的专业化服务，实现企业降成本的目标。利用能源数据进行设备运维，可节省运维团队的人员成本和维护成本。最后，可实现降低企业资产管理的成本。通过能源数据化 24 小时在线监测，实时诊断企业设备状态，保障设备安全，降低设备故障发生率，可减少设备使用与维护成本。

（二）增效应用价值

能源计量大数据数字化运营在企业增效应用领域中，主要以工业企业的重点能耗设备利用率、工艺改善、用能方式优化、能耗费节省等为重点应用领域，均可通过能源数据提供增效的依据，利用能源数据报告提供相应能源管理、用能改善等专业化服务，实现企业增效应用目标。

企业通过能源数据体检报告，可提高重点能耗设备的利用率，增加工作小时数，优化设备运行方式，改善设备功率因素，从而提高企业主要设备运行效率。企业还可通过能源数据指导企业工作人员的运行优化，减少企业员工的无效工作时间，将设备现场巡检改为数据巡检，优化巡检方式，提高人员工作效率。设备的安全运行和效率运行也将实现企业的效益增加，单位产品量使用能源成本更低，提升了产品的竞争力与价值，同时传导到企业的生产效益使其更好。

（三）行业应用价值

能源计量大数据数字化运营是以区域内工业用能用户为目标客户，建立用能大数据平台，以数据为驱动，实现能源交易业务和综合能源服务业务的协同发展，为客户提供“一站式”智慧能源集成解决方案。

工业用户为用能大企业，年用电量、用水量、用气量大，可节省能源支出费用空间大，可参与能源市场化交易的准入时间更早，在能源管理方面提升空间大。主要行业包括工业园区、个体工业企业、绿色高耗能企业、其他企业。

1. 工业园区

工业园区主要以钢铁、钒钛、化工、医疗、电子制造、汽车制造、新能源制造、纺织等制造业为产业主导。园区内的工业企业更加集中，大多以某一行业上下游配套产业为主，辅以其他相关产业，因此，企业生产管理更加规范、有序，可以很好地整合园区内大、中、小企业，进行全面的能源数据化服务，为整个园区内企业提供“一站式”综合能源服务。最经济的条件下，工业园区应以集中供能或者以分布式能源的方式进行能源传输，相较于单一企业生产而言，可以解决能源使用效率低、损耗大、能源资源流失等导致的企业生产成本加大的问题。若在工业园区应用能源计量大数据数字化运营模式，整合新能源发电站（光伏发电、风力发电、生物质发电等）、分布式能源站、输配网络、用户等微电网结构，将会大大提高能源的利用率，且将传统的用能方式进行整合，可以打通企业用户用能最后一公里。

2. 个体工业企业

个体工业企业主要指未入驻到工业园区、未包含在集中式园区的行业领域的工业用户，同样包括化工、行业加工、中小型企业等。企业分布范围更宽泛，不集中，多以小型化为主，此类企业主要是根据生产订单的方式用能，当企业生产状况良好时，用能量基本稳定；但生产经营状况较差或行业较差时，用能量不稳定。其中，还有大型商业综合体，包括商业广场、写字楼，用电时间大多安排在峰时段和平时段，并且用能量很稳定，属于用能耗较平均且优质企业。

3. 绿色高耗能企业

包括国家重点支持行业，如高新技术产业、新能源汽车电池生产制造企业、大数据中心、电子芯片生产加工企业等，该产业的企业都有绿色、低碳、高效的标签，用能量稳定且能耗大，对能源质量稳定性和可靠性要求较高。

4. 其他企业

主要是有用能需求的用户，如发电企业、售电公司、设备技术提供商、设备供应商、政府、金融、医院、学校、矿山等。

五、能源领域数字化运营体系建设保障措施

（一）建立能源计量与产业计量合作管理机制

建议由计量测试研究院探索能源计量大数据与产业计量数字化的有机

融合，现有的国家城市能源计量中心（简称国能中心）和煤电产业中心构建和谐稳定的合作与管理机制，将提供技术支持与计量服务的有关部门从原有构架抽离出来，整合成为服务于能源计量数字化的运营服务中心。

1. 设立顶层领导机构

通过设立能源产业计量研究所办公室或能源产业计量会议小组，规划制定能源计量大数据与产业计量数字化的发展规划与战略目标，研究探索能源计量大数据与产业计量数字化对国家经济社会发展的作用，发挥组织机构力量，协调不同部门、地区资源有效交流。

2. 建立灵活的项目形成机制

建立包容性强、限制少、多元化的项目形成机制。在项目申请审批上以开放包容的思想进行项目可行性与必要性论证，定期公布一批当前的技术难点与痛点，引导社会各界投入资源研究，重视具备商业化应用潜力的项目，和不同单位、机构达成长期合作约定，完善项目后评价跟踪机制。

3. 完善多元协同的资源配置和用人机制

由于能源产业计量数字化融合工作涉及参与共建的各部门、机构之间的数据共享、知识产权、利益冲突以及跨组织工作的员工管理等方面的复杂问题，需要在早期组建阶段制定多元参与的合作协议，以克服组织机制中的障碍。在涉及资金的情况下，可能需要暂时突破政策和法规限制，以实现预期目标。在知识产权管理方面，由于大学、企业等对于知识产权的管理和运营机制有很大差异，为避免多部门合作中出现冲突，应建立简洁、灵活、全面和合理的知识产权主协议框架。在用人机制方面，需要形成灵活的人员结构，允许科研人员在其原本归属的机构和产业研究所之间自由流动、灵活转换身份。建议用人方式可以采用包括双重聘用、联合聘用、阶段性任职、学术休假（反向休假）等在内的多种方法。

4. 形成基于功能实现的评价机制

对于合作项目的评价应以对国家能源产业计量数字化发展需要的领域

的广泛贡献为导向，具体评价指标应针对各个部门与项目进行量身定制。可以考虑实施内部年度自评估和以五年为周期的外部审查相结合的评价机制，尽量减少对研究人员的干扰，减少给其带来时间负担。

（二）推进全产业链数据要素贯通

具备应用先进信息技术的能力是实现能源行业数字化的必要而非充分条件，还需要破除上下游各角色间有关资源、能力、人才归属权的制约，使其能够自由流动，通过自组织过程有机结合在一起，为推进数字化进程提供生产要素保障。负责关键业务活动的计量院需要清晰梳理内外部相关业务流程，明确描述业务系统的输入与输出信息流，并主动实施有目的性的流程内嵌与衔接，信息流在事务型信息系统间有序流转，完成跨部门、跨企业、跨角色的业务协同。

（三）建立面向主题的协同决策机制

能源计量大数据与产业计量数字化运营面临多种协同决策问题，尤其是涉及需要多方角色参与的研究或生产服务活动时，为实现协同决策科学合理化，需要摒除经验判断、灵感迸发式的决策方式，依托数据仓库技术建立面向主题的协同决策机制，分为归纳决策主题、建立数据关联、运行决策系统、出具行动方案四项规范化步骤，明确各决策主体的权利与义务，组建以平台为核心、数据仓库技术为支撑、多方主体参与的网状组织结构，通过协调各个部分之间的关系以更好地发挥决策的协同化作用。

（四）借助第三方为运营体系提供保障

要充分发挥政府、行业协会、中介机构等部门的保障作用，为运营体系提供开放的市场环境与宽松的政策环境，依据区域性资源禀赋情况，政府应给予创新主体不同程度的财政支持，通过政策导向调整人才产业链布局，把握协同创新发展方向。行业协会以及中介机构要发挥平台作用，为创新主体提供合作交流与知识共享的通道，提升协同创新效率，降低信息搜寻成本。

（五）积极加强计量人才队伍建设

在数字化时代，知识的更新和融合速度正在加快，计量行业面临的最严峻挑战是如何把握未来的发展方向，并形成适应信息化和全球化以及应对变革的能力。培养能够应对“数字化与智能化”时代的人才，正成为大多数国家社会改革的一大课题。《计量发展规划（2021—2035 年）》中明确提出加强计量人才队伍建设。依托重大科研项目、重点建设平台，加大学科带头人培养力度，着力培养具有世界科技前沿水平的高层次计量领军人才。在此大背景下，我们需要的是具有面向未来的持续学习能力、跨学科融合能力、创新创业能力的各种类型的高素质复合型、综合型计量人才。因此，为了适应数字化转变，能源计量领域人才队伍的调整与优化工作迫在眉睫。

1. 完善人才选用机制

实施人才测评、绩效评估、动态激励等机制，按照“德才兼备、以德为先”的原则完善干部提拔选用制度，形成风清气正的选人用人氛围。合理配置人力资源，招聘专业对口的理工科研究生、博士生，建立搭配合理、层次互补的人才队伍，持续推动在职人才培育平台建设，建立首席计量师、首席工程师、首席研究员等聘任制度。设立能源计量与数字计量硕士研究生培养专业，培养相关专业的研究生指导老师，重点专业建立博士后流动站，持续推动人才队伍结构优化，关注跨省市与跨国家的学术人才引进，支持培养青年科技人才，加强计量领域相关职业技能等级认定，改革注册计量师职业资格管理模式，推进注册计量师职业资格与工程教育专业认证、职称、职业技能等级、职业教育学分银行等制度有效衔接，为计量事业发展奠定良好的人才基础。

2. 建设复合应用型人才体系

能源产业计量数字化涵盖了能源产业、计量产业、信息技术产业等多个领域，过去专业单一的人才已经无法满足计量对人才多样化的需求，因此需要积极建设复合应用型人才体系。复合型人才培养主要是指将有一定跨度的专业知识进行有机的交叉渗透，使受教育者的知识结构和能力结构达到优化组合，成为专业迁移能力较强的、一专多能型人才的教育过程。具备这种知识、能力、技能的人即为复合型人才。其核心在于打破专业之间的严格界限，使人才能够接触和学习不同专业领域的知识及不同学科的思维方法。为此强化合作与交流，拓展原有领域人才与其他专业领域人员的沟通合作渠道，在必要时引入能源产业与信息技术产业的优秀人才，在科研主题上鼓励跨学科研究。在具体操作上，有重点地建立“再培养”学习机制、“事上炼”实战机制、“职业档”成长机制，分别从复合型人才的基础培养、业务培养和职业培养维度，夯实复合型人才发展的制度基石，建立有效的人才金字塔体系。

3. 开辟高端人才培养渠道

依托大专院校，建立人才培养基地，联合开设工程硕士研究生课程班、计量专业技术专题培训班。建设计量公共教育资源开发、培训平台和实训基地，与大专院校、企业建立联合实验室，将计量技术前沿研究平台与高层次人才培养平台相结合，开辟高端人才培养新渠道。

六、能源领域数据安全运营风险及规避措施

建立完善服务及运营保障机制，确保数据产品与服务安全。针对数据

服务运营和管理过程，设计合理的产品及运营合规机制，以及风险应急管控机制，确保产品和服务运营过程中的数据安全。

（一）数据资产管理

为提升能源计量大数据共享与数字化运营服务水平，需要推进数据标准化管理支撑数据价值实现，全链条传播数据知识、营造数据分析应用氛围和培育数据体系化人才队伍，为理顺内外部数据业务逻辑提供便捷共享，紧抓需求和安全两个核心要素做好数据服务，做好数据产品策划并建立可与互联网企业媲美的敏捷开发能力，瞄准数字产品平台型运营构建，基于数据的泛在生态链，打造数据驱动的全生命周期产品管理体系（见图7-6）。

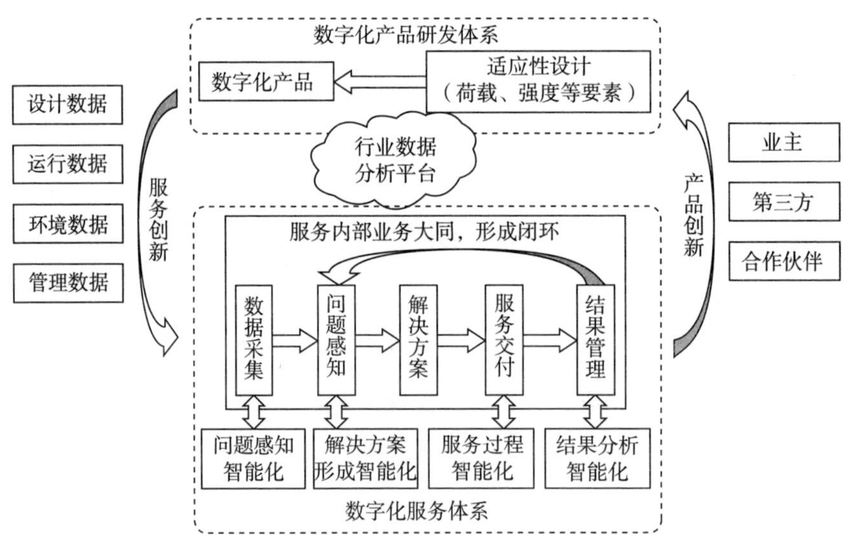

图7-6 数据产品服务体系

1. 数据采集流程

能源计量大数据数字化运营平台含有大量的非结构化和结构化数据，且具备了工业能源大数据研究的资源基础。在宏观数据采集过程中主要以统计报表等传统方式为主，为适应大数据对海量数据的需求以及对节能潜力价值的深度挖掘，能源计量大数据平台需要采集大量的实时能源数据，其数据采集流程如图 7-7 所示。

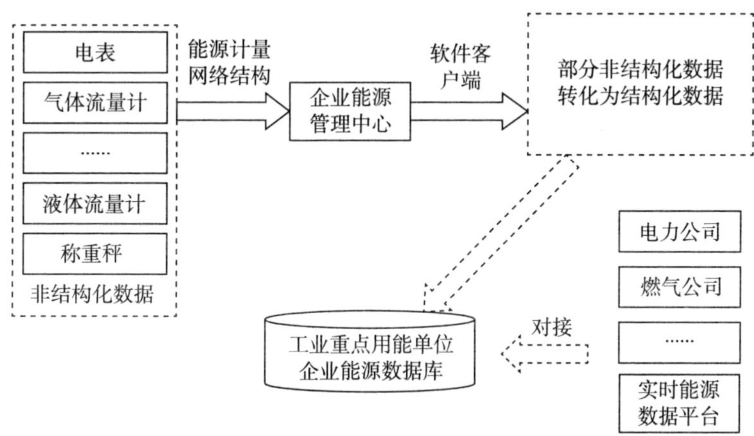

图 7-7　数据采集流程

实时数据在线采集是在数字化运营平台已有数据基础上，由企业能源管理中心采集能源计量网中的电表、气体流量计、称重秤等计量器具上的实时能源数据，经过软件客户端进行数据分析，并将数据上传到服务平台的数据库中。同时，服务平台的数据库与电力公司、煤气公司等的数据库进行实时数据传输对接，进一步扩大了实时数据采集的范围，最终形成能源大数据公共服务平台的数据库。

2. 数据过程管理

数据是能源大数据应用中心的核心资产，是多元化应用体系设计的基础。有必要结合应用研发要求，梳理数据目录，确定数据来源和接入方式，确定数据安全和权限管理流程。

（1）数据目录建设。

梳理数据目录，涵盖煤炭、石油、天然气、电力、新能源等各能源品类资源生产与供应、消费与投资、资源转储、利用效率全过程数据，以及宏观经济运行、生态环境、气象、地理信息、交通等跨部门跨领域数据，主要包括宏观层面、能源行业及其他相关数据。宏观层面数据包括全省宏观经济运行、发展规划、产业政策、体制改革、市场发展趋势等方面的数据，以及世界主要国家和地区、全国、先进省份等经济社会、能源发展等方面的数据。能源行业数据包括电、煤、油、气、新能源等各能源品类的资源禀赋、开采加工、运输配送、能源转化、能源消费全过程数据。其他相关数据包括生态环境、气象、地理信息、交通、技术革新、工业价格等数据。

（2）数据来源确定。

数据来源包括政府部门、能源企业、互联网等其他渠道。宏观层面数据主要来源于相关政府权威部门或研究机构，包括官方发布的政策文件、统计公报、研究报告以及国际能源署、世界银行等国际权威数据统计平台相关数据的定期获取。能源行业数据主要来源于政府能源行业管理部门和相关企业，建立固定的信息报送机制，通过信息报送系统定期上报相关能源信息。其他相关数据主要来源于相关部门公共数据，建立部门、单位对接汇集机制，实现相关数据的定期报送。

（3）数据接入。

根据不同数据类型及来源，将能源数据接入方式分为三类：①数据报送，针对各级政府部门与相关能源企业，形成固定的信息报送机制，通过信息报送系统定期在线上报能源信息。报送过程采用多级审核的流程，确保数据准确。②数据抓取，针对互联网发布的各类公开信息来源，通过大数据手段完成信息的爬取、清洗、录入。③系统接入，对于运行于互联网或政务外网的其他信息系统，根据双方约定的数据访问方式和内容标准，建立数据接口，实现数据对接。

（4）数据管理。

数据管理对接数据中台和业务需求，涵盖数据标准、数据接入和数据治理三个方面：数据标准支撑是指为平台使用方提供数据管理标准及手册查询；数据接入主要包括业务数据中心和数据中台数据的读入；数据治理主要包括数据质量测评及分析、数据治理及问题追踪、对内数据需求单及督办单发送。数据质量测评及分析是基于数据质量标准，如完整性、一致性、准确性、及时性等，对数据进行质量测评及质量分析。数据治理及问题追踪是基于数据质量测评及分析结果，对问题数据进行治理及问题追踪。

3. 外部数据购置及管理

外部数据购置及管理主要包括数据购置的需求收集及汇总统计、数据购买利益分析及博弈、数据供应商管理、数据使用情况统计、数据变更及下线管理等。

（1）数据购置的需求收集及汇总统计是指在公司内部设立专门的部门负责统一收集各级单位的外部数据需求，并进行汇总统计，统筹各级单位的数据需求。

（2）数据购买利益分析及博弈是指对各级单位的数据需求进行评估，通过所需数据的价格、购买的难易程度以及数据购买之后带来的经济效益，评估是否进行采买。

（3）数据供应商管理是指对供应商提供的数据质量、价格等进行评估，挑选优质的供应商，形成数据供应商资源库。

（4）数据使用情况统计是指对外购数据的使用情况进行统计，分析数据的实际使用价值。

（5）数据变更及下线管理是指对需要变更或下线的数据进行审核，并及时进行变更或下线。

4. 数据可靠性保障

在大数据平台中，数据的真实有效是运营模式得以持久健康发展的根本。从数据分级及权限设置、数据不可否认性等角度建立一套数据真实可靠的保障机制。

（1）数据分级。

鉴于平台数据的综合性和敏感性，数据共享可能会对政府、用能企业、产能企业、研究机构等产生不同程度的利益影响，根据平台数据的敏感程度对数据进行分级，按照数据级别及用户权限开放数据共享。平台数据分为三级：一级为面向全社会公开展示的数据；二级为部分权限用户展示的数据；三级为定制化服务数据。

一级数据主要是作为能源计量对社会贡献的公益性展示，也为行业发展提供参考数据。二级数据主要是数据平台用户为实现各自的能源计量需求，对其所属权限下的运行数据的监测及分析。三级数据主要是数据平台面向的各类服务对象除了实现各自的运营管理需求外的针对性服务需求。

（2）加密及权限设置。

平台必须进行信道加密，当有外部数据接入时，每个接入点应提供统一的通信终端机实现数据接入，以保证通信质量和安全；公共数据平台提供 Web 访问端和移动终端两种数据访问方式，并根据数据级别提供不同访问权限。

客户使用权限设置，平台针对请求数据开放的用户进行认证，一般来说用能企业、融资的金融机构、所属区域的政府部门、产能公司、研究机构具备数据查看权限，开通权限需要通过管理者审批通过。

平台管理权限设置，按照数据类型分配不同的数据管理人员，如重点设备的数据管理权限开放给固定的管理人员，管理人员通过账号认证、机器认证、接口认证三证合一的认证机制防止不同设备数据的篡改和外泄。

（3）数据不可否认性。

不可否认性又称抗抵赖性，从概念上来说，即由于某种机制的存在，人们不能否认自己发送信息的行为和信息的内容。为确保数据平台中数据的不可否认性，应建立原始数据追溯机制和异常数据甄别机制。主要从原始数据追溯和异常数据甄别两个方面考虑不可否认性。

原始数据追溯。在数据收集阶段，将前端收集的实时数据单独备份作为原始数据，在数据库数据出现异常情况时以备对比校验，按照平台管理权限的设置原则，确认某一类型数据与原始数据相左，追责对应类型的数据管理人员。

异常数据甄别。根据平台各类型数据间的关系建立随机规律模型，针对各类型数据设立置信度区间，筛选置信区间外的异常数据进行分析比对，确认数据有效性及真实性。

（二）数据确权及数据使用边界

所有数据资产都有明确的数据资产管理办法和制度，若需对外共享数据或数据分析结果，需要由数据所有方对数据需求方进行明确的授权，并通过相关办法及制度进行约束。在应用外部数据时，任何数据提供方都应具备详尽、权威的数据及使用范围授权函或相关方协议。针对不同数据的数据使用边界需要进一步明确，严格把控数据及数据分析结果输出。

（三）客户隐私泄露风险

互联网时代数据泄露是普遍存在的问题，在构建共享开放的数据运营平台时，需要仔细考虑如何保障平台用户的数据安全。要降低数据隐私泄露的风险，就需要构建一套合理的数据识别体系，有效将开放共享的数据与需要保护的数据进行区分，可以对不同数据划分共享等级，为不同等级数据安排不同的安全保护策略，优化完善数据上传、交互、应用、交易与共享的标准规范体系，明确数据保密责任与义务。

（四）数据全生命周期安全风险

为了保障大数据安全和个人信息安全，明确大数据安全责任，根据《中华人民共和国网络安全法》和有关法律、法规的规定，结合我国网络数据安全防护体系现状，制定数据安全保障条例，明确安全责任、管理制度、保障措施等。

（五）权责划分风险

计量管理部门一般负责数字化战略制定、计划实施落地以及监督管理工作，而具体计量活动实施如计量设备安装、计量监测则是由生产或服务部门来推动，同时能源计量与产业计量目前分属两个不同部门管理。在体系建设过程中，责任边界往往会成为常见问题之一。需要做好规划，明确平台落地后各方权责边界范围，提前制定相关制度规范。实施过程中若出现问题需及时讨论并进行必要的调整。

七、小结

本章对能源计量大数据与产业计量数字化运营进行了研究。在明确运营目标、范围、思路及服务对象的基础上，分析服务模式、盈利方式、商业模式，提出“1+2+N”运营机制。从降本、增效、行业应用角度挖掘运营应用价值创造，提出运营平台建设构想，对平台功能进行规划；从建立能源计量与产业计量合作管理机制、推进全产业链数据要素贯通、建立面向主题的协同决策机制、积极加强计量人才队伍建设等方面提出运营体系建设保障措施。最后，立足数据资产管理，就数据安全运营风险及规避措施展开专项研究。从数据确权及数据使用边界、客户隐私泄露风险、数据全生命周期的安全风险、权责划分风险方面提出规避措施。

参考文献

[1] Anna Chernikova, Galina Kondrashkova, Irina Bondarenkova, Svetlana Kuzmina. Digitization and axiomatics in modern metrology [J]. IOP Conference Series: Materials Science and Engineering, 2019, 497 (1).

[2] Augustus Ehiremen Ibhaze, Moses Uwakmfon Akpabio, Tolulope Olusegun Akinbulire. A review on smart metering infrastructure [J]. International Journal of Energy Technology and Policy, 2020, 16 (3).

[3] Brown Richard J. C., Janssen Jan-Theodoor, Wright Louise. Why a digital framework for the SI? [J]. Measurement, 2022 (187).

[4] Bruns Thomas, Nordholz Jan, Röske Dirk, Schrader Thorsten. A demonstrator for measurement workflows using digital calibration certificates (DCCs) [J]. Measurement: Sensors, 2021 (18).

[5] Eichstädt Sascha, Keidel Anke, Tesch Julia. Metrology for the digital age [J]. Measurement: Sensors, 2021 (18).

[6] Filippov V., Muzalevskiy A. Potential threats to information security of the digital economy in the metrological support system [J]. Transactions of the Krylov State Research Centre, 2020, 1 (391).

[7] Gadelrab Mohammed S., Abouhogail Reham A. Towards a new genera-

tion of digital calibration certificate: Analysis and survey [J]. Measurement, 2021 (181).

[8] Garg N., Rab S., Varshney A., Jaiswal S. K., Yadav S. Significance and implications of digital transformation in metrology in India [J]. Measurement: Sensors, 2021 (18).

[9] Grasso Toro Federico, Lehmann Hugo. Brief overview of the future of metrology [J]. Measurement: Sensors, 2021 (18).

[10] Hao Chen, Fu Sheng Chen, Jie Xiang, Li Man Shen, E. Ying Li. Research on the digital metering system and verification method of digital electrical energy meter [J]. Advanced Materials Research, 2013, 2438 (718-720).

[11] Jean-Michel Pou, Laurent Leblond. Why smart metrology is no longer optional [J]. IEEE Instrumentation & Measurement Magazine, 2020, 23 (2).

[12] Lazzari Annarita, Pou Jean Michel, Dubois Christophe, Leblond Laurent. Smart metrology: The importance of metrology of decisions in the big data era [J]. IEEE Instrumentation & Measurement Magazine, 2017, 20 (6).

[13] Li Zhiguo, Wang Jie. The dynamic impact of digital economy on carbon emission reduction: Evidence city-level empirical data in China [J]. Journal of Cleaner Production, 2022 (351).

[14] Ma Dan, Zhu Qing. Innovation in emerging economies: Research on the digital economy driving high-quality green development [J]. Journal of Business Research, 2022 (145).

[15] Martin Peterek, Benjamin Montavon. Prototype for dual digital traceability of metrology data using X.509 and IOTA [J]. CIRP Annals-Manufacturing Technology, 2020, 69 (1).

[16] Milton Martin J. T., Wiersma Diederik S., Williams Carl J., Sega Michela. New frontiers for metrology: From biology and chemistry to quantum and

data science [M]. Amsterdam: IOS Press, 2021.

[17] Mitchell Joey. Smart planning drives smart metering [J]. OpFlow, 2021, 47 (1).

[18] Murugan Arul, Omoniyi Oluwafemi, Richardson Emma, Workamp Marcel, Baldan Annarita. Vision for a european metrology network for energy gases [J]. Environmental Research: Infrastructure and Sustainability, 2022, 2 (1).

[19] Nadim Ahmad, Neïla Bachene Bachene. Measuring the economy in the age of digitalisation [R]. OECD Observer, 2017.

[20] Nils Hellmuth, Eva-Maria Jakobs. Informiertheit und datenschutz beim smart metering information and data protection of smart metering [J]. Zeitschrift für Energiewirtschaft, 2020, 44 (3).

[21] Okrepilov V. V., Gridasov A. G., Chudinovskikh I. V. Standardization and metrology in the period of digitalization of the economy [J]. Journal of Physics: Conference Series, 2021, 1889 (3).

[22] Oppermann Alexander, Eickelberg Samuel, Exner John, Bock Thomas, Bernien Matthias, Niepraschk Rolf, Heeren Wiebke, Baer Oksana, Brown Clifford. Digital transformation in metrology: Building a metrological service ecosystem [J]. Procedia Computer Science, 2022 (200).

[23] Shang Huaiying, Liu Yan, Zheng Angang, Qin Songfeng, Wang Yong, Zhang Wulei. Research on technical architecture and application of big data cloud platform for electric power measurement [J]. Journal of Physics: Conference Series, 2019, 1213 (4).

[24] Shen Shuming, Zhou Yongjia, Xu Yongjin, Ding Xunan, Song Xiqiang, Wang Pingping. Research on standard system architecture of metrology technology for energy interconnection [J]. Journal of Physics: Conference Series, 2019, 1345 (4).

[25] Shen, Yoon. Advances and prospects of digital metrology [J]. Computer-Aided Design and Applications, 2012, 9 (6).

[26] Slaev Valery A., Chunovkina Anna G., Mironovsky Leonid A. Metrology and theory of measurement [M]. De Gruyter, 2019.

[27] V. A. Vasiliev, P. S. Chernov. Smart sensors, sensor networks, and digital interfaces general problems of metrology and measurement technique [J]. Measurement Techniques, 2013, 55 (10).

[28] Wang Zhigang, Kei Sakai, Yasushi Ebizuka. High-accuracy, high-speed, and smart metrology in the EUV era [J]. Metrology, Inspection, and Process Control for Microlithography XXXIV, 2020 (11325).

[29] Yang Mei, Guan Zexin, Liu Jianbo, Li Wenqiang, Liu Xiao, Ma Xuefeng, Zhang Jiangtao. Research of the instrument and scheme on measuring the interaction among electric energy metrology of multi-user electric energy meters [J]. Measurement: Sensors, 2021 (18).

[30] Yangpeng Zhu, Juanjuan Liu. Design and implementation of intelligent measurement testing and calibration management information system based on big data [J]. Journal of Physics: Conference Series, 2019, 1237 (4).

[31] 白先送，谈玉琴，张葵，邹渊. 2018 全国重点能源资源计量服务示范项目之十　高度集成数字化计量平台的构建和实践 [J]. 中国计量，2019 (12): 44-48.

[32] 宝慧青. 大数据分析在电力计量检查的应用 [J]. 应用能源技术，2020 (11): 7-9.

[33] 曹敏，江雄，赵艳峰，李翔，赵旭，蒋婷婷，王昕. 面向大数据分析的省网电能计量管理系统设计与实现 [J]. 云南民族大学学报（自然科学版），2017, 26 (5): 400-405.

[34] 曹万岩，王庆伟. 大庆油田计量间数字化建设模式探讨 [J]. 石油

规划设计，2019，30（6）：13-16+49.

[35] 陈凯华，冯泽，孙茜. 创新大数据、创新治理效能和数字化转型［J］. 研究与发展管理，2020，32（6）：1-12.

[36] 陈英娇，汪龙. 电力计量大数据对计量装置运维的应用［J］. 科技创新导报，2018，15（17）：48+50.

[37] 程含渺，纪峰，梁凯，田正其，鲍进. 数字化电能计量技术在江苏无锡智能变电站的应用［J］. 电气技术，2017（7）：50-54.

[38] 程竞. 数字经济时代数据资产会计确认与计量的探索［J］. 安徽商贸职业技术学院学报，2022，21（1）：44-47.

[39] 程森奇. 全面数字化改革视阈下数据生产要素发展历程与展望［J］. 质量与市场，2022（1）：163-165.

[40] 褚剑凯，冯海东. 产业计量与“互联网+”在质量管理中的融合发展［J］. 中国计量，2021（3）：53-55.

[41] 崔伟群. 大数据时代的计量与计量的大数据时代［J］. 中国计量，2017（9）：10-13.

[42] 崔伟群. 物联网时代下量传溯源体系的发展变化［J］. 中国计量，2016（12）：13-15.

[43] 崔伟群，田锋，李颖. 数字计量学导论［M］. 北京：中国质检出版社，中国标准出版社，2014.

[44] 邓随新，邓涛. 产业计量是加快推进新疆产业发展的重要支撑［J］. 中国计量，2015（5）：41-43.

[45] 董恩康. 大数据的计量数据采集与应用分析［J］. 网络安全技术与应用，2020（11）：75-76.

[46] 费方域，闫自信，陈永伟，杨汝岱，丁文联，黄晓锦. 数字经济时代数据性质、产权和竞争［J］. 财经问题研究，2018（2）：3-21.

[47] 高新愿，杨新光，孟鲁民，纪祥娟. 重点用能企业能源计量管理

中存在的问题分析及对策建议［J］. 中国计量，2021（8）：35-36.

［48］耿维明. 关于构建国家先进测量体系的设想［J］. 中国计量，2021（11）：17-20.

［49］郭人恺. 面向计量管理的大数据技术研发及创新应用探析［J］. 科技与创新，2022（1）：108-110.

［50］郭晓炜，徐静姿. 浙江省计量科学研究院：“智”化万物　“绿”见未来［J］. 今日科技，2021（12）：54.

［51］韩海庭. 数据如何赋能数字经济增长［J］. 新金融，2020（8）：45-47.

［52］韩建书，卫蔚，岩君芳. 浅析现代先进测量体系的构建［J］. 中国计量，2021（8）：10-12.

［53］胡刚，塔依尔·斯拉甫力，马晓春. 新形势下国家产业计量测试中心建设的思考［J］. 中国计量，2020（7）：28-30.

［54］黄松涛. 从《数据安全法》看计量检测数据的确权［J］. 中国计量，2021（3）：61-63.

［55］计量发展规划（2021—2035 年）［J］. 铁道技术监督，2022，50（2）：1-8.

［56］纪祥娟，郭景春. 建立产业计量思维　助推煤化工产业高质量发展［J］. 中国计量，2021（6）：50-51+57.

［57］江蕾. 建设标准化监管体系的大数据　助推计量智慧监管［J］. 中国计量，2021（10）：22-23.

［58］李北伟，宗信，李阳. 产业视角下国内外数字化转型研究：综述及展望［J］. 科技进步与对策，2022，39（2）：150-160.

［59］李承志，王友桂. 省级计量院开展产业计量服务工作初探［J］. 工业计量，2018，28（2）：3-4+47.

［60］李国杰，程学旗. 大数据研究：未来科技及经济社会发展的重大

战略领域——大数据的研究现状与科学思考［J］. 中国科学院院刊，2012，27（6）：647-657.

［61］李洪波，李伟，张泽光，李少壮. “互联网+”时代的计量产业平台［J］. 计测技术，2015，35（5）：1-9+14.

［62］李景佶. 大数据分析在电力计量检查的实践运用［J］. 电子技术与软件工程，2021（1）：230-231.

［63］李静，王欢，魏颖昊，张君维，郭爽，丰苏. 数据赋能计量监管思考及实践［J］. 中国计量，2021（12）：36-38.

［64］李静，王欢，魏颖昊，张君维，郭爽，丰苏. 数据赋能计量监管思考及实践［J］. 中国计量，2021（12）：36-38.

［65］李明宇，姬清峰，王肖伊. 数字化能源计量与智能化设备自控的联合应用［J］. 中国计量，2022（3）：66-69.

［66］李义. 基于物联网与大数据的电学计量检测架构分析［J］. 数字通信世界，2021（4）：114-115.

［67］李政. 关于计量监督管理中的大数据应用思考［J］. 科技风，2020（27）：77-78.

［68］刘慧伟. 计量测试产业数字化转型升级，为新基建保驾护航［J］. 张江科技评论，2020（5）：8-11.

［69］刘静. 建立产业计量新思维　支撑计量技术机构发展新领域［J］. 计量与测试技术，2017，44（7）：117-119.

［70］陆旭冉. 大数据资产计量问题探讨［J］. 财会通讯，2019（10）：59-63.

［71］马建光，姜巍. 大数据的概念、特征及其应用［J］. 国防科技，2013，34（2）：10-17.

［72］马晓春，郑云林，郭丽，刘相宏，赵滔滔. 国家煤电产业计量测试中心建设的思考［J］. 中国计量，2021（11）：33-35.

［73］曼丽丹·泽尔民别克，马磊磊. 新疆开展重点用能单位能耗在线监测工作的实践与思考［J］. 中国计量，2021（9）：51-53.

［74］孟小峰，慈祥. 大数据管理：概念、技术与挑战［J］. 计算机研究与发展，2013，50（1）：146-169.

［75］潘寿虎，申东滨，邓时虎，倪俊国，张凯，胡顺杰. 计量检测行业数字化方向的探究［J］. 衡器，2021，50（7）：30-32+51.

［76］戚聿东，刘欢欢. 数字经济下数据的生产要素属性及其市场化配置机制研究［J］. 经济纵横，2020（11）：63-76+2.

［77］裘丽萍. 创新能源计量服务举措　助推美丽中国建设［J］. 中国计量，2021（12）：52-54.

［78］任思源. 国际计量数字化发展政策及启示［J］. 中国计量，2021（6）：64-67.

［79］史敏. 探究大数据时代的计量服务［J］. 中国标准化，2018（20）：223-224.

［80］舒艳荣，万雪梅，裴圣旺. 大数据时代计量数据的应用［J］. 中国设备工程，2018（5）：189-191.

［81］宋明顺. 关于我国计（测）量事业中长期发展战略的思考［J］. 中国计量，2021（11）：5-7.

［82］宋述古. 以国家产业计量测试中心建设促进先进测试技术与计量保障融合发展［J］. 中国计量，2020（11）：31-33.

［83］汤杨. 探析大数据时代计量数据的应用［J］. 现代营销（下旬刊），2019（4）：90.

［84］田锋，郑云林，李峰. "互联网+"时代计量器具数据在线专题服务探讨［J］. 中国计量，2016（2）：28-29.

［85］田园，张梅，保富，原野. 基于大数据的数字化电能计量误差分析［J］. 电测与仪表，2021，58（11）：136-141+163.

［86］汪寿阳，洪永淼，霍红，方颖，陈海强. 大数据时代下计量经济学若干重要发展方向［J］. 中国科学基金，2019，33（4）：386-393.

［87］王建冬，童楠楠. 数字经济背景下数据与其他生产要素的协同联动机制研究［J］. 电子政务，2020（3）：22-31.

［88］王凯志，罗卢洋. 加快我国计量发展对策思考［J］. 中国计量，2022（2）：44-46.

［89］王龙，刘义平，龚迎昆，高成，刘颖. "互联网+产业计量"服务模式探索［J］. 中国计量，2018（6）：49.

［90］王晓涵. 分析电能计量大数据对计量装置运维的应用［J］. 低碳世界，2021，11（8）：160-161.

［91］王新刚，朱彬若，顾臻. 基于综合能源计量大数据的中长期用电量预测［J］. 中国电力，2021，54（10）：211-216.

［92］吴宏杰. 借助大数据和云计算技术挖掘计量数据增值价值［J］. 中国计量，2017（12）：27-32.

［93］吴霞，何旋，杨海涛. 树立产业计量思维　助力产品质量提升［J］. 中国计量，2022（2）：59-61+78.

［94］吴霞，杨海涛，何旋，王娟. 产业计量对现代产业发展的促进作用［J］. 中国高新科技，2020（5）：41-43.

［95］肖晖，恽烨，缪春凤. 构建碳计量技术体系　服务国家低碳发展战略［J］. 中国计量，2021（3）：58-60.

［96］徐峥. 大数据背景下计量监管工作信息化建设［J］. 科技与创新，2020（23）：129-130.

［97］许原，黄艳. 新能源与智能电网产业计量测试服务平台的建立及服务模式研究［J］. 计量技术，2019（1）：59-61.

［98］闫立新，岳远朋，张显雨，梁宏霞. 能源计量数据在碳达峰碳中和中的应用［J］. 中国计量，2022（1）：43-44+50.

[99] 严杰文，魏纯. 产业计量——量值技术的新起点 [J]. 中国计量，2020（1）：40-41+70.

[100] 严绍奎，田瑞，张翔. 智能电网环境下电能计量大数据智能多维分析 [J]. 信息技术，2021（4）：90-96.

[101] 杨洪银. 大数据的应用对计量检定的影响与发展 [J]. 信息记录材料，2020，21（9）：24-25.

[102] 杨眉. 数化万物 度量未来——浙江省计量院数字化转型之路 [J]. 中国计量，2020（12）：40-42.

[103] 姚和军. 产业计量——计量技术机构发展新领域 [J]. 中国计量，2014（9）：36-37.

[104] 喻云. 大数据时代计量数据的应用 [J]. 中国计量，2019（9）：55-56.

[105] 詹秉华，李伟恒. 新时代计量发展思路的探究 [J]. 计量与测试技术，2019，46（5）：103+106.

[106] 张锋军. 大数据技术研究综述 [J]. 通信技术，2014，47（11）：1240-1248.

[107] 张立谦，孟涛. "碳达峰、碳中和"行动中热量计量助力能源供给侧变革 [J]. 中国计量，2021（9）：47-48.

[108] 张修建，杨平，张鹏程. 基于大数据的新兴产业计量校准服务平台研究 [J]. 计算机测量与控制，2020，28（6）：104-107.

[109] 张轩铭. 浅谈基于数据驱动的创新型智慧计量平台发展方向 [J]. 工业计量，2022，32（2）：72-74+76.

[110] 张毅，梁艳，张楠，韩李疆. 计量检定全过程智慧监管探索 [J]. 中国计量，2021（11）：24-26.

[111] 张中杰，郭名芳，王阳阳，姜鲲. 计量技术机构信息化发展探析 [J]. 中国计量，2021（12）：45-47.

［112］郑云林，田锋．“一带一路”新疆能源建设计量服务分析［J］．中国计量，2017（4）：21-23．

［113］智峰，田锋，赵若凡．计量科学大数据分级分类［J］．大数据，2022，8（1）：60-72．

［114］钟新明．计量支撑质量提升　助力经济社会高质量发展［J］．中国计量，2021（10）：8-12．

［115］钟新明．智慧计量与经济社会发展［J］．中国计量，2021（9）：9-13．

［116］周健．面向大数据的计量数据采集与应用研究［J］．工业计量，2017，27（4）：88-91．

［117］周军珲．产业计量背景下计量技术机构的发展方向［J］．工业计量，2021，31（6）：56-57+59．

［118］朱崇全．产业计量学的定义［J］．中国计量，2012（2）：43-44．

［119］朱崇全．产业计量引领产业（品）质量［J］．中国计量，2014（4）：21-24．

［120］朱崇全．量值工艺与产业计量工程［J］．中国计量，2019（2）：48-51．

［121］朱崇全．现代产业技术体系与量值数据工程［J］．中国计量，2018（2）：38-41．

［122］朱崇全，金秀月．能源计量与新兴产业发展战略［J］．中国计量，2017（3）：42-43．

［123］朱崇全，马志同，金秀月．国家城市能源计量数据的实时在线监测技术方案研究［J］．中国计量，2010（11）：50-52．

［124］朱崇全，张国庆．产业计量与产业发展连载之六　产业计量学应遵循的若干原则［J］．中国计量，2012（6）：32-36．

［125］朱崇全，周迎春，罗远．产业计量与产业发展连载之三　产业计

量学与计量学的关系［J］. 中国计量，2012（3）：40-43.

［126］朱崇全，周迎春，罗远. 产业计量与产业发展连载之四　产业计量学计量要素链的要素构成［J］. 中国计量，2012（4）：37-40.

［127］卓华，王锦荣. “互联网+”智慧计量建设与研究［J］. 中国计量，2021（9）：29-31.

［128］邹晓川. 计量检测机构数字化转型的探索与实践［J］. 中国计量，2021（8）：13-14+21.